文　化　边缘话题　中　国

主编⊙乔　力　丁少伦

苏曼殊

诗心寄禅思

张　伟／著

山东城市出版传媒集团·济南出版社

编辑委员会

主编人语

文化中国·边缘话题

中国传统文化悠远深沉、丰厚博广，犹如河汉之无极。对历史文献的发掘、梳理、认知与解读，则是一个持续不断的过程。而《文化中国：边缘话题丛书》，借以丰富坚实的史料，佐以生动流畅的散文笔法，倚以现代的思维和理性的眼光，立以历史的观照与文化的反思，将某些文化精神进行溯源与彰显，以启发读者的新审美、新思考和新认知。

何谓"文化中国"？"周虽旧邦，其命维新。"文化中国乃以弘扬中国文化为主旨，以传承中国文化为责任，以求提升中国民众的人文素质。而传统文化的发掘与传承，需要新的努力；传统文化解读与现代意识反思之间的纠葛与交融，需要新的形式。正如陈从周先生在《园林美与昆曲美》中所说的那样：

> 中国园林，以"雅"为主，"典雅""雅趣""雅致""雅淡""雅健"等等，莫不突出以"雅"。而昆曲之高者，所谓必具书卷气，其本质一也，就是说，都要有文化，将文化具体表现在作品上。中国园林，有高低起伏，有藏有隐，有动观、静观，有节奏，宜欣赏，人游其间的那种悠闲情绪，是

一首诗，一幅画，而不是匆匆而来，匆匆而去，走马观花，到此一游；而是宜坐，宜行，宜看，宜想。而昆曲呢？亦正为此，一唱三叹，曲终而味未尽，它不是那种"嘣嚓嚓"，而是十分婉转的节奏。今日有许多青年不爱看昆曲，原因是多方面的，我看是一方面文化水平差了，领会不够；另一方面，那悠然多韵味的音节适应不了"嘣嚓嚓"的急躁情绪，当然曲高和寡了。这不是昆曲本身不美，而正仿佛有些小朋友不爱吃橄榄一样，不知其味。我们有责任来提高他们，而不是降格迁就，要多做美学教育才是。

《文化中国：边缘话题丛书》，亦如陈从周先生所言之"园林"与"昆曲"，正是以展示中国文化此种意蕴与神韵为己任的。

何谓"边缘"？20世纪80年代后期，学术降落民间，走向大众，体现了对大众文化和下层历史的更多观照。由此，"大历史观"下的文化研究，内容日趋多元化，角度渐显层次，于是，那些不处于主流文化中心的，不为大多数人所熟悉的，或散落在历史典籍里的，但却是中国传统文化重要组成部分的人或事，日渐走进人们的视野，丰满了历史的血肉。对于这些人或事的阐述与解读，是对中国文化精神进行透视与反思的一个重要方面，其意义亦甚为厚重而深远。

何谓"话题"？《文化中国：边缘话题丛书》，为读者提供了一种文化解读的别样文本，讲求深入浅出、雅俗共赏，采用"理含事中，由事见理"的写作风格，由话入题，由题点话，以形象化、生动化的表述，生发出个人新见和一家之言。这种解说方式是以学术研究为基础的，绝不戏说杜撰，亦非凿空立论，正是现如今大多数中国读者所喜闻乐见的讲述方式，呈现出学术与趣味的统一，"虽不能至，固所愿也"。

《文化中国：边缘话题丛书》第五辑仍然共有五种，与我们的大型丛书系列《文化中国》（含《永恒的话题》和《边缘话题》两个子书系）之总体意旨、撰写取向相一致，持续阐发某种含蕴勃动着的深层文化精神，以求穿透漫长岁月织就的重重迷雾，彰显一份恒久的时代意义，立足于现代读者群体的认知意识，期待一些心灵的感应与契合，追寻、持守那纯净的理想主义色彩。

总体言之，本辑命名为"民国文化风范之约略"，则是选取悠悠历史长河中间，一个拥载着极特别极复杂意义的段落来作为展开背景和社会环境，对其多元多样化的文化现象进行"话题"式的剖析和评述——自晚清、民初以降，径直延伸，以迄于 20 世纪中叶——这是一个较为宽泛的时间概念。"三千年未有之大变局"在力度不等地冲击、影响、制约、更改着丛书中五个文化人物的生命轨迹与命运走势。尽管大师已去，种种文化性格随着时移世迁也或成为绝响，只留下渐行渐远的背影，但是，我们现在反倒更真切明晰地感知到他们那特定时代文化标志的符号意义，以及经由他们对理想和信念的坚持执守而诠释的人生的根本意义与恒久价值。

若仔细究察，这五位文化人物确是各自从属于不同社会类型，因之彰显出其特定的人文身份象征，异彩纷呈。虽然偶有交集，但交集远逊于差别，而各自拥载独有的命运形态与人生道路。如果大致给予归纳，则苏曼殊、李叔同二人，虽一位曾三次出家为僧，一位或虎跑寺壮岁断食，终生皈依空门，皆同样关系佛缘。但是就其整体生命的心相行踪而言，都依稀贯注了那份浓重的入世践行情怀与终极的精神追索，执念于"众生"。而章太炎却是始终以复兴弘扬民族文化传统为己任，从种族到家国、学理而及于思想精神，对其怀有极其强烈的责任心和使命感——"舍我其谁"。所以，无论作为激扬坚决的革命家，抑或终成经典的学问大家，并不被岁月磨洗掉亮色。至于王国维、陈寅恪则应是纯粹的学者，在这里，学术与生命已经坚密有机地汇融成一体。经时间，历空间，他们所创造的中国传统文化与学术的辉煌将面向世界、走进恒久。王国维博古通今、学贯中西，在文学、美学、历史学、古文字学等领域均有卓越的成就，特别是在甲骨学、简牍学、敦煌学等 20 世纪新学问上起到开创奠基的作用。他是在近代诸多学术领域扭转风气的学术大师，也是具有国际视野、享有国际声誉的顶级教授。他晚年自沉于颐和园昆明湖，其原因众说纷纭，迄无定说，但他的学术成就与文化气质都为后人所传颂。正如郭沫若所说，"好像一座崔嵬的楼阁，在几千年的旧学城垒上，灿然放出了一段异样的光辉"。陈寅恪是一个传奇，被傅斯年称誉为"近三百年来一人而已"。早岁曾以"三无"（无文凭、无著作、无资历）身份跻身于清华大学国学院"四大导师"之列，王国维自沉昆明湖前，将遗稿托付之。他是"教授的教授"，金针度人，桃李满天下，治学更独出机杼，辩证包容地凿通中西间壁，架构于世界文化和现代学理平面上进行，遂得有一片新绿耀眼。历史会铭记其"独立之精神，自由之思想"的品格、风骨。

诗云："鹤鸣于阴，其子和之。""鹤鸣九皋，声闻于天。"《文化中国·边缘话题丛书》洋溢着对中国传统文化的热情，贯通着对优秀文化传承倡扬的理想追求。它也依然循守这套大型丛书系列的整体体例和价值倾向，即根柢于可征信的确实文献史料，透过新时代意识的现代观照，出之以清便畅朗的"美文"与图文并映互动的外在形式，以求重新解读那些纷杂多元的历史文化话题及文学现象，就相关的人物、事件给出一些理性评说和感性触摸。所以，它因其灵活生动的巨大包容性，强调"可操作性与持续发展之张力"，已经形成一个长期的品牌选题，分若干辑陆续推出，以期最终构建起大众文化精品系列群。

乔力　丁少伦
2017 年初夏于济南玉函山房

4

目 录

苏曼殊：诗心寄禅思

引　言
真如曼殊，悲如曼殊

　　苏曼殊是个什么样的人，下一个定义并不容易，尤其是对他的一生做出评价，更是很难。有人说他狂放不羁，率性稚真；有人说他豪情满怀，斗志昂扬；还有人说他诗性自然，个性张扬……批评他的人认为他是病态的，说他是一个厌世者、自虐狂，是一个天真者、怪诞者，就连他的学生陈果夫也说他是个怪和尚、酒肉和尚，南怀瑾先生称他是个"畸人"。但是欣赏他的人，则称他是诗僧、画僧、情僧，是诗人、文学家、画家，是革命者、佛教徒、恋母的儿子、情人、漂泊者……这些说法可以说都是正确的。柳亚子先生说他是"不可无一，不可有二"① 的南社奇才。的确是这样，苏曼殊以他天才的敏感和惊人的艺术造诣，写出了"风韵极佳，有神无物，而味极隽永"② 的诗歌，赢得了"以天纵之才，超尘绝俗，诗在骨里，非食人间烟火，天籁之声，特假以鸣"③ 和"盖如羚羊挂角而弗可迹也"④ 的美誉。另外，他在小说、绘画、翻译等方面都为我们留下了很多珍贵的作品。可是，

1

---

　　①　苏曼殊诗，马以君笺注：《燕子龛诗笺注》，四川人民出版社，1983年版，第 1 页。
　　②　刘斯奋笺注：《苏曼殊诗笺注》，广东人民出版社，1981 年版，第 198 页。
　　③　苏曼殊诗，马以君笺注：《燕子龛诗笺注》，四川人民出版社，1983年版，第 154 页。
　　④　刘斯奋笺注：《苏曼殊诗笺注》，广东人民出版社，1981 年版，第 193 页。

这样才情满溢的苏曼殊，却因为出身和家世的缘故，从没有受过正规教育。但思维敏捷、才智过人的他，却精通英、法、日、梵等多种语言文字，这不仅在当时，就是在现在，也是难得一见的奇迹。

苏曼殊的一生充满着传奇色彩，他的出生、他的生活、他的思想、他的作品无不蒙着一层神秘的面纱。他在写给陈独秀的《过若松町有感示仲兄》这首诗中写道：

契阔死生君莫问，行云流水一孤僧。

无端狂笑无端哭，纵有欢肠已似冰。

诗的内容很好地体现了苏曼殊性情的率真和内心的悲凉，而这种状态，伴随了他短暂的一生，表现在他生活和创作的方方面面。他是情僧，诗中有情，文中有情，对人有情，对革命有情；他处处留情，却处处哀情，处处悲歌。他是诗僧，为后世留下了不少令人叹绝的诗作，他的情诗令人柔肠寸断，他的革命诗使人热血沸腾。他是画僧，他的画格调不凡，意境深邃。他作画不仅为抒写情怀抱负，还想为革命做更多贡献；遇上经费困难时，他卖画筹钱。他是革命僧，心怀壮志，积极参加革命活动；他狂热执着，但现实残酷，他无力回天。

其实，就苏曼殊的性情和个性而言，他就是那个时代的"摇滚乐手"，他有轻松好玩儿的一面，也有震撼心灵的一面。他不妥协，但忘不了不妥协的辛酸和伤感；他真实，有革命性，他用他自己的方式怒放着生命；他崇尚平等，表达平等，在有限的生命里植入了无限的自由，诠释了他自己和那个年代的整体气质。他说的是别人不能说的话，说了别人心里想的话，这些话，有的是别人认为的"废话"，有的是被忽视或被压抑的话，但都是真话，是真性情，是能够体现和代表当时社会人们整体生存背景和生存状况的话，这是苏曼殊身上永远磨灭不掉的色彩和格调。他不是

不和谐的音符，他最大的魅力就在于他关心他所处的社会，关心那个社会的人，并发出自己的声音。

一个时代有一个时代的娱乐，一个时代有一个时代的偶像。苏曼殊是一个个性十足的人，所以他的粉丝众多也就是自然而然的了。苏曼殊，他书写生命的寂寥和忧虑，他歌唱对理想的坚守和对现实的抗争，他为那样的青春和岁月而伤悼，他质问人生的意义和现实的荒谬，他咏叹繁华背后的荒凉和创伤。无论对生活还是对感情，他都备感艰辛，对未来更是感到迷茫。苏曼殊是一个用作品和行动说话的思想者，是洞穿现实的社会观察者，是满怀悲悯的灵魂歌者，他用苍凉的嗓音给中国带来了真实而深切的感动。可是，"水晶帘卷一灯昏，寂对河山叩国魂"，"相逢莫问人间事，故国伤心只泪流"。虽然苏曼殊忧国忧民的感情异常深沉，但也只能空留下一腔的无可奈何与叹息。

苏曼殊的身世，正如阿喀琉斯的脚踵，是他的致命弱点，是他心中永远抹不去的痛！他的一生，像蒲公英一样居无定所。好的文学作品需要好的文学载体，作家的作品及其作品的内容和风格，都与作家所处的环境和时代有着千丝万缕的关系。苏曼殊也一样，他蹒跚着走在疯狂之路上，带着血，带着泪，带着激愤，带着迷茫，奔向挣扎、纠结和忧郁……

苏曼殊是生活在旧民主主义革命时代的资产阶级和小资产阶级知识分子。他的身上集聚了太多的才气、天性和浪漫，他的磊落不羁，他的遗世独立，他心灵的哀恸、悸动，他情感的奔涌，谁说只有在女性纤巧清新的诗句中才能感受得到？生前他受到无数人的尊重与赞赏，身后同样也受到无数人的击节与叹惜。

《苏曼殊：诗心寄禅思》这部小书分为五个部分。翻开这本小书，您会更加喜欢苏曼殊，进而走进苏曼殊的世界，感知苏曼殊的多彩故事。第一部分"身世迷离，一生飘零"，通过对苏曼殊迷离多舛的身世的分析梳理，来明晰他的凄苦无依以及内心无法释然的痛楚；通过他的疯癫生活境况以及特立独行的性格，来解释他佯狂玩世的苦行僧生活；通过他与尘世红颜们的爱恋纠结，透视他那凄苦悲怆的红尘逆旅。第二部分"情僧"，从苏曼殊"情种"的一面，来析述他美好又痛彻心扉的初恋，以及他与百助等歌伎红颜们的美好又疯狂的情恋故事。又通过对苏曼殊小说的剖解，来透视他心中那抹不掉挥不去的哀情。作为一个剃度出家的僧人，又有着尘间凡人们的情愫，他心中的纠结在这一部分可以一窥究竟。第三部分"诗僧"，透过苏曼殊的诗、译诗和他翻译的其他外国文学作品，以及名家们对他诗歌的品评欣赏，概括总结了苏曼殊诗歌的类型、内容、特征和风格，全面缕析他的诗作，综合分析他的诗风的成因，为现代诗歌的写作提供借鉴和经验。第四部分"画僧"，通过对苏曼殊画作的细细探究，感知他"画禅参得十分寒"以及"剩水残山一角"的诗情画意，诗中有画，画中有诗，让您能够领略到苏曼殊画作的佛心和多情因子。第五部分"革命僧"，通过对苏曼殊革命活动的梳理，分析了他革命思想萌芽的诱因，从他的革命生涯，您可以尽情领略其不屈的斗志及豪侠本色，以及他作为一名革命者的人格魅力。全书图文并茂，通俗易懂，让您在领略苏曼殊的故事以及他的各种趣味风采的同时，可以抒怀畅想，轻松愉悦地拥有属于自己的那份浪漫和洒脱。

艺术杰作的真正妙处就在于，它永远会给你一种双重的感觉——齐白石说过，艺术的最高境界在似与不似之间，你会觉得它永远有那么点言外之意，那就对了。

在苏曼殊身上，有"芒鞋破钵无人识"的自我流放的一面，也有反抗社会黑暗、向强权说不的一面，"易水萧萧人去也，一天明月白如霜"的诗句就是明证。他不断地流浪、自伤，始终没有找到自己理想的出路，这其中有他自身性格方面的原因，比如敏感、脆弱、自卑等；也有他身世的原因，比如后娘的苛待、畸形的家庭环境，这些对他的伤害太深，使他摆脱不了阴影。苏曼殊在孤寂、困苦、贫病中英年早逝。现在，他的栖息处与南朝名伎

4

苏小小的墓地南北相对，与鉴湖女侠秋瑾的墓碑隔水相望。也许，死亡对于苏曼殊而言也算是完成了一次双手合十的朝拜，一手是性情，一手是才学。朝拜的对象，正是山川间的巍巍群山。我们应该感谢苏曼殊，他叮叮当当地把他的虔诚刻凿在了过去、现在和将来。

真也曼殊，悲也曼殊！

第一章
身世迷离，一生飘零

一、迷离多舛的身世

苏曼殊的身世迷离多舛。他出生 3 个月离开生母，12 岁第一次出家，此后一发而不可收，20 岁前三次为僧。他的一生充满传奇色彩，时而楚楚长衫，设坛讲学，以人师的身份化育学子；时而西装革履，风度翩翩，以诗人才子的仪态现身诗坛歌榭；时而激昂慷慨，奋勇振臂，以天下为己任，欲誓死一搏；时而袈裟披身，青灯黄卷，万念俱灭，潜心向佛。

苏曼殊能诗擅画，通晓日文、英文、梵文等多种文字，在诗歌、小说、绘画等多个领域都取得了令人瞩目的成就，后人还把他的诗文等编成《曼殊全集》（共 5 卷）。他被誉为近代作家、诗人和翻译家，可有谁知道，这样的光鲜亮丽，是由怎样的坎坷打磨而成？在他多姿多彩的人生里，又藏匿着多少悲欢、多少凄凉？

梦珠名瑛，姓薛氏，岭南人也。瑛少从容澹静。邑有醇儒谢鬻者，与瑛有恩旧，尝遣第三女秋云与瑛相见，意甚恋恋。瑛不顾。秋云以其骄尚，私送出院，解所佩琼琚，于怀中探绛纱，裹以授瑛。瑛奔入市货之，径诣慧龙寺披剃，住

苏曼殊

厨下，刈笋供僧。一日，与沙弥争食五香鸽子，寺主叱责之，负气不食累日。寺主愍念其来，荐充南涧寺僧录。未几，天下扰乱，于是巡锡印度、缅甸、暹罗、耶婆堤、黑齿诸国。寻内渡，见经笥中绛纱犹在，颇涉冥想，遍访秋云不得，遂抱羸疾。时阳文爱、程散元创立祇洹精舍于建邺，招瑛为英文教授。后阳公归道山，瑛沉迹无所，或云居苏州滚绣坊，或云教习安徽高等学堂，或云在湖南岳麓山，然人有于邓尉圣恩寺见之者。乡人所传，此其大略。

这是苏曼殊在《绛纱记》里对梦珠的描述。殊不知这梦珠就是曼殊，因为他在《绛纱记》里开篇就这样说："余友生多哀怨之事，顾其情楚恻、有落叶哀蝉之叹者，莫若梦珠。吾书今先揭梦珠小传，然后述余遭遇。"开篇点题，这个梦珠其实就是苏曼殊自己，而梦珠的经历也就是他自己的遭际。

苏曼殊，清光绪十年（1884）出生于日本横滨，1918年，仅仅35岁便英年早逝。他原名叫戬，字子谷，学名元瑛（也作玄瑛），法号曼殊，笔名印禅、苏湜，从他的名号就知道，他短暂的一生，游走于半僧半俗之间。此外，受当时文坛风气的影响，他还使用过40多个其他别号，如燕子山僧、南国行人等。他的祖籍是广东香山（今广东珠海），祖父苏瑞林以经营进出口发家，父亲苏杰生是广东茶商，长年在日本横滨经商，还担任某英商洋行买办。母亲是一位名叫若子的日本女子，而且是他父亲苏杰生的第四房妻子河合仙的妹妹，她并非苏杰生的合法妻妾。所以，苏曼

殊是一个混血儿兼私生子。在封建观念严重、华夷之别严格的当时，苏曼殊这种"不光彩"的出身，注定了他必然要遭受被歧视的命运。

苏曼殊出生刚刚3个月，就被父亲交由河合仙抚养。苏家是广东的一个大家族，人际关系比较复杂，他们对苏曼殊这个在异域出生的孩子非常看不顺眼。所以苏曼殊在童年时期就备尝冷漠，很少能感受到家庭的温暖和亲人

河合仙与苏曼殊合影

的关爱。后来，苏曼殊与养母河合仙被赶出苏家之门，养母只好带他回到了外祖父家。苏曼殊6岁时，只因为苏杰生的子女里面女孩儿太多，男孩儿太少，苏曼殊才被领回广东老家，被承认是苏家人。然而，苏杰生的妾大陈氏，把河合仙和苏曼殊看作眼中钉肉中刺。受不了这种精神虐待的河合仙无奈只得返回了日本，按时寄钱给苏曼殊。从此，母子分离，远离生母和养母的苏曼殊，受到苏家的非人对待。在苏曼殊9岁那年，由于苏杰生经营不善，经商失败，苏家从此一蹶不振，并且每况愈下。河合仙寄来的钱都被大陈氏独吞，苏曼殊的生活境况可想而知有多么艰难。

12岁的苏曼殊被外出经商的父亲留在家乡读私塾，几乎自生自灭、无人问津。这期间，他得了一场大病，不仅没有得到医生医治，也没有家人照料。他被扔在柴房，奄奄一息。可是造化弄人，生命的顽强和不屈令人感叹，苏曼殊竟然奇迹般地活了下来。本应该在父母膝下撒娇、无忧无虑玩耍的孩童，在这样的病痛折

苏曼殊之父苏杰生

磨和家人的冷漠里，幼小的心灵遭受了痛击，于是他选择去广州长寿寺剃度出家，做了一名僧人。但他毕竟是个孩子，终没能遵守佛家的戒规，有一次他偷吃鸽肉被发现，只得出了庙门，回归俗世。

多灾多难的苏曼殊从 13 岁起，就开始了寄人篱下的生活。他先是住在上海姑母家，寄食了 2 年，其间学习中文和英文。15 岁的时候，即 1898 年，他得到表兄林紫垣的资助，东赴日本留学。他先后在横滨华侨所办大同学校学习 4 年，东京早稻田大学高等预科学习 1 年，成城学校学习几个月。在这将近 6 年的留学时间里，苏曼殊的生活是极其清苦的。据他的同学和好朋友冯自由回忆，苏曼殊在东京上学时，因为林紫垣每个月只资助他 10 元钱，所以他只能住最低劣的"下宿屋"，吃的也是很差的、掺了石灰的米饭。另外，他为了节省火油费，晚上竟然不点灯。

苏曼殊跟随表兄去日本求学时，曾去了养母河合仙的老家，而且与日本姑娘静子（也有菊子的说法）一见钟情。然而，他们的恋情却遭到苏家的强烈反对。苏曼殊的本家叔叔知道这件事后，斥责苏曼殊败坏了苏家的名声，并问罪于静子的父母。静子的父母盛怒之下，当众痛打了静子，结果当天夜里静子投海而死。失恋的痛苦和静子的命运，令苏曼殊深感心灰意冷，万念俱灰。回到广州后，他便去蒲涧寺出了家。

苏曼殊特殊的身世使他早年即因家庭矛盾出家为僧。但是，民族的危难又使他不能忘情于现实。1902 年，即光绪二十八年，他在日本东京加入了留日学生组织的革命团体青年会。1903 年，

他加入了"拒俄义勇队"。同年，他回国任教于苏州的吴中公学，不久，又应邀到上海参与《国民日日报》的有关翻译工作，后因该报停刊而失业，便到香港投靠兴中会负责人之一的陈少白，不料因误会而遭冷遇。1903年年底，苏曼殊一气之下跑到广东惠州某破庙削

苏曼殊五岁时与外祖父、外祖母合影

发为僧，但为时只有数月，尚未取得正式的和尚资格，他即乘师父外出之机，偷了已故师兄博经的度牒（僧人的身份证明和户口），溜之大吉。从此，苏曼殊以"博经"自命，并自称"曼殊和尚"，开始了四海为家的流浪生活。

1904年，即光绪三十年，苏曼殊南游暹罗（今泰国）、锡兰（今斯里兰卡）等国，并学习了梵文。1907年，他在日本与幸德秋水等组织"亚洲和亲会"，公开揭出反抗帝国主义、反抗压迫的主旨。这一年，他还和鲁迅等人筹办文学杂志《新生》，但没有成功。1909年，即清末宣统元年，他再渡南洋，并在爪哇中华学堂任教，直到辛亥革命胜利后回国，在上海的《太平洋报》工作。1913年，他慷慨激昂地发表了讨袁宣言，痛数袁世凯窃国的种种罪恶。

这是苏曼殊革命活动丰富、热血沸腾的时期。他的情绪起伏不定，面对现实的打击，时而悲观失望，时而壮怀激烈，时而放浪不羁。他亦僧亦俗，有着独特的生活经历和思想性格。他以上海为中心，频繁来往于中国大江南北、日本和东南亚各地，有时以教书为生，有时靠卖文过活，有时寄食于寺庙，有时乞贷于友

朋，有时甚至把金牙敲下来换糖吃……柳亚子先生曾说他"赀绝穷饿不得餐，则拥衾终日卧"。终于，在五四运动的前一年，即1918年的5月2日，苏曼殊在上海穷病而死，享年仅35岁。

他多才多艺、放荡不羁，命运多舛、几经浮沉，以短暂的生命无言地与命运抗争，以表面的放浪形骸来掩饰内心的痛苦。他三次剃度为僧，又三次还俗，尤其是第三次出家后不到一年，又匆匆还俗，甚至连僧衣僧鞋都来不及更换，就以一个和尚的身份与诗人的气质回到尘俗之中。

苏曼殊曾在作品里叙写自己的身世。他在诗里这样写道：

> 无量春愁无量恨，一时都向指间鸣。
> 我亦艰难多病日，哪堪重听八云筝。
>
> 丈室番茶手自煎，语深香冷涕潸然。
> 生身阿母无情甚，为向摩耶问凤缘。
>
> 碧玉莫愁身世贱，同乡仙子独销魂。
> 袈裟点点疑樱瓣，半是脂痕半泪痕。
>
> 淡扫蛾眉朝画师，同心华髻结青丝。
> 一杯颜色和双泪，写就梨花付与谁？
>
> 愧向尊前说报恩，香残玦黛浅含颦。
> 卿自无言侬已会，湘兰天女是前身。

苏曼殊一生悲惨凄苦，就连他的家人都说，苏曼殊一生最缺少的是家庭的关爱。他生活窘困，内心更是焦苦，在任何人身上都得不到他所需要的家庭的温暖。就连受他父亲之托来教养他的表兄，到最后连10元钱的资助也切断了。这事对苏曼殊的打击非

常大，据他的侄子苏绍贤回忆说，苏曼殊对此事"恨恨于怀，脱弃浊世之心，乃决于是时也"。就是从那个时候，苏曼殊产生了离世的想法。

有一次，柳亚子跟苏曼殊一起游玩。苏曼殊看到河中的植物，就出了一道谜语：在娘家绿发婆娑，自归郎手，青少黄多；历尽了多少风波，经受了多少折磨，休提起，提起珠泪洒江河。谜底是什么？是竹篙。苏曼殊绝对是有感而发，他看到河中的植物，就联想到自己离开亲娘所遭受的那么多的劫难，那显而易见的孤苦伶仃，那茕茕孑立、形单影只的形象，那无尽的沧桑，那无依无靠的感叹，都浓缩在这一首小小的谜语里了。

情僧、诗僧、画僧、革命僧，作为这样一位集才、情和胆识于一身的文学传奇、艺术精灵，苏曼殊竟然半僧半俗地孤独了一生。在经过了 35 年的红尘孤旅后，他只留下了八个字——"一切有情，都无挂碍"，然后就离开了人世，给后人留下无尽的感慨。如今，不管人们是否还记得"苏曼殊"这个名字，那个风雨飘摇的 19 世纪末和 20 世纪初，都属于这个饱经沧桑的少年人。

> 人间花草太匆匆，春未残时花已空。
> 自是神仙沦小谪，不必惆怅忆芳容。

苏曼殊的这一首小诗，糅进了他多愁的性格、凄楚的身世以及多变的命运，是他一生的剪影。他以才情、胆识和特立独行的个性，让时人感叹，让后人望尘莫及。他文采风流，一生跌宕起伏，直到今天我们重新审视他的时候，仍觉得他自身的气质和禀赋，落在任何一个时代都会出类拔萃。他没有师承，也无后继者，从不标榜自己。他一手画画，一手写文，穿梭于艺术和文学的世界里。他像一颗耀眼的流星，瞬间划过天空，留下了凄美的印迹。苏曼殊以僧名风闻于那个时代，他微笑着走向生活，生活负他，他却报之以歌。他袈裟披肩，风雨一生，匆匆而过，以无言的行为抗争多舛的命运，他冷寂的面孔下蕴藏了多彩的人生。

二、凄苦悲怆的红尘逆旅

苏曼殊身世多舛、凄惨，令人悲叹。颠沛流离的生活，坎坷曲折的经历，窘困潦倒的日常，铸就了苏曼殊在滚滚红尘中的特立独行和纠结撕扯。

（一）为情所困，遗憾与真爱错失

苏曼殊很有女人缘，所以往往为情所困。他曾经说自己"终身为情所累"，而"情欲奔流，利如驰电，正忧放恣，何惧禁遮？"他的一生，有好几段令人唏嘘慨叹的爱情。

一是与西班牙才女雪鸿的青涩懵懂之情。苏曼殊13岁时寄居在上海他的姑母家，那时他曾经跟着西班牙人罗弼·庄湘博士学习英文。他父亲的本意是让他学成英文后能继承家业跟洋人做生意，却为庄湘的女儿雪鸿与苏曼殊提供了绝好的见面机会。他们两人年龄相仿，雪鸿非常喜欢苏曼殊，庄湘也想把自己的女儿许配给苏曼殊。但不知为何这对两小无猜的男孩女孩没有走到一起。后来，苏曼殊在游历南洋途中的船上，又偶遇准备返回西班牙的庄湘父女。雪鸿仍然对苏曼殊念念不忘，爱意绵绵，但是遭到了苏曼殊的婉言拒绝。雪鸿非常难过，特意把自己一直珍藏着的《拜伦诗集》送给苏曼殊，并在这本诗集的扉页中夹上一张自己的照片——这是那个年代青年男女表达爱慕之情所特有的方式，还在照片的反面深情款款地

青年苏曼殊像

写上"曼殊惠存"四个字，再加上一束美丽的曼陀罗花。这样温馨又直白的举动深深地感动了苏曼殊，但他没有回应，只是在雪鸿赠他的诗集的扉页上写下了这样一首情真意切的小诗：

> 秋风海上已黄昏，独向遗编吊拜伦。
> 词客飘蓬君与我，可能异域为招魂。

也许这是情到深处的用意吧。到了分别的时候，他们三人都潸然泪下。苏曼殊是含蓄的，也是懦弱的，他只是在后来给友人的信中，才袒露了自己对雪鸿的爱慕心迹：

> 南渡舟中遇西班牙才女罗弼氏，即赠我西诗数册。每于椰风椰雨之际，挑灯披卷，且思罗子，不能忘弸也。

但不管怎么说，这时的雪鸿与苏曼殊，都是懵懂少年。少男少女情窦初开的心思，绽放时如花蕾般静悄悄的，还有着淡淡的芬芳，以及少年特有的稚嫩青涩。

二是与日本少女静子的刻骨初恋。如果说遇到雪鸿时，只有13岁的苏曼殊还不懂爱情，那么，15岁那年，遇到日本女孩静子后，便是他情窦大开，肆意初恋的季节了。苏曼殊随表兄去日本横滨求学，在养母河合仙的老家，与一位日本少女静子一见钟情，两人的感情迅速升温，他们坠入爱河而不能自拔。然而天公不作美，一向不怎么关心苏曼殊的苏氏家族，却对他的恋情很是上心。他们的恋情传到国内，遭到苏家的强烈反对。苏曼殊的本家叔叔知道这件事后，不仅狠狠地斥责了苏曼殊，说他败坏了苏家的名声，还向静子的父母问罪。静子的父母在盛怒之下，当着众人的面痛打了静子一顿，结果谁也没有想到，羞愧难忍的静子，在当天夜里就投海而死。痛失恋人的苏曼殊绝望无助，心灰意冷，他怀着失恋的痛苦，去广州蒲涧寺出家做了和尚。善良可人的静子，为什么会落得这样的下场？才情俱佳的苏曼殊，为什么要剃度落发？也许，这是苏曼殊的一种无声的反抗。从此，苏曼殊的匆匆一生，都在风雨中飘摇。他的自传体小说《断鸿零雁记》，就记录了这段美好又痛彻骨髓的爱情。也有人考证说，静子选择蹈海而死，是因为苏曼殊不愿与她结婚。也许这样的论证有一定的道理吧，通过后面他与若干女子交往而不会谈婚论嫁，或者一旦有女子倾情，他便退缩逃避，就可窥见一斑。但无论如何，苏曼殊与静子的这段恋情，应该算是他刻骨铭心的初恋，是他与他的真爱失之交臂的苦痛经历。

（二）大吃花酒，醉心于青楼歌伎

苏曼殊是情僧，他作为情种的一面，在吃花酒和与歌伎交往中表露得最为淋漓尽致。喝酒对苏曼殊来说是常事。杨珂先生在《岳麓答大师》中有诗为证："无官似鹤闲偏少，饮酒如鲸醉不多。"出入青楼，浪迹女肆，大吃花酒，是苏曼殊短暂人生中的重要部分。"袈裟点点疑樱瓣，半是脂痕半泪痕"，"偷尝天女唇中露，几度临风拭泪痕"，是他留下的香艳情诗。曾有人统计过苏曼殊的消费账单，发现他用于青楼楚馆的开支多达 1877 元，而当时女仆的月工资仅仅为 1 元，可见苏曼殊的侈靡和泛情。陈陶遗曾经在青楼里这样大声地呵斥过苏曼殊："你是和尚，和尚本应戒欲，你怎么能够这样动凡心呢？"这样的苏曼殊，身份尴尬，却处处留情，还不负责任，仅凭这一点，也摘不掉"情种"的帽子了。

苏曼殊与风尘女子也有过几段令人感慨的感情。

一是与秦淮河校书金凤的交往。1905 年秋，苏曼殊应聘到南京陆军小学任教。他与秦淮河校书金凤交往很是亲密，情深意笃。然而，苏曼殊同这位校书的情爱只局限在精神上。金凤看到同苏曼殊结合无望后，在绝望中嫁给他人。金凤曾经向苏曼殊索要过画作，可是画还没有完成，她却已经远走他乡。苏曼殊为此十分伤感，他常常因为这份不能了却的感情债务而愁闷不乐。

他曾写《集义山句怀金凤》一诗：

收将凤纸写相思，莫道人间总不知。
尽日伤心人不见，莫愁还自有愁时。

又《有怀》二首，第一首写道：

玉砌孤行夜有声，美人泪眼尚分明。
莫愁此夕情何限？指点荒烟锁石城！

人生最大的遗憾莫过于你爱的女子嫁作他人妇，两人从此天各一方，相忘于江湖。更让人伤心的是，所爱之人的美丽倩影时时萦绕在脑海里，挥之不去。而吟诗时沉闷伤感的黄昏，缭绕石城的荒烟，则象征着诗人的万千愁怀。黄忏华追忆其事，诗云："相逢曾记秣陵秋，乱坠天花石点头。亦有风怀删未得，莫愁湖水碧于油。"

二是与日本艺伎百助的交往。百助是一位弹筝的日本艺伎，是 1908 年苏曼殊在日本东京养病时认识的。百助的古筝曲调悠扬悲戚，触动了苏曼殊的满腹愁肠。两人因为有着相似的遭遇，所以一见如故。苏曼殊的《本事诗》十首，全为百助而作。题图的一首诗，也收入《本事诗》中，此外，苏曼殊还有赠百助的诗多首，如《为调筝人绘像》两首，《调筝人将行属绘〈金粉江山图〉题赠二绝》两首，《寄调筝人》三首。是怎样的一种爱情，让人魂牵梦萦？是怎样的调筝人，拨动了苏曼殊的心弦？究竟美到何种地步，能让一个僧人动了凡心，写出如此多的情诗？"禅心一任蛾眉妒，佛说原来怨是亲。雨笠烟蓑归去也，与人无爱亦无嗔。""生憎花发柳含烟，东海飘零二十年。忏尽情禅空色相，琵琶湖畔枕经眠。"

刘三等友人收到苏曼殊寄来的百助小像，得知他与百助相爱之事后，纷纷写信劝阻。苏曼殊不以为意，回复道："不爱英雄爱美人。"但最后苏曼殊与百助还是分道扬镳。他在红尘中翻滚，却忘不了自己是个僧人，所以有了那首著名的诗篇：

乌舍凌波肌似雪，亲持红叶索题诗。

还卿一钵无情泪，恨不相逢未剃时！

爱情在心底泛起的波澜与皈依佛门不敢越雷池的顾虑，在苏曼殊的心里不断地碰撞。情欲本来如此，越是遍地可见，人们越习以为常，越是看在眼里、想在心里而伸手不可得，则越让人欲罢不能、欲语还休。对百助的一往情深，苏曼殊不但写在诗里，也刻入骨里。两人分手时，苏曼殊又写了一首诗赠予百助：

九年面壁成空相，持锡归来悔晤卿！

我本负人今已矣，任他人作乐中筝！

与百助的交往，可以说苏曼殊是全身心地付出了，不仅在感情上，还有经济上，他都非常大方。可是，不幸的童年，独特的

苏曼殊题百助照片

人生经历，造就了他矛盾的性格，他与百助分手也是必然的结局。

后来，苏曼殊从日本回上海时，向同船的好友陈独秀和邓以蛰等人说起了自己的这位日本女友，可是朋友们故意逗弄他，都假装不相信会有这样的事情。苏曼殊经不住逗弄，情急之下竟然拿出各种女子的发饰给大家看，而后把那些发饰全部抛进海中，转身就号啕大哭。后来陈独秀还特意写诗记录了这件事，诗中说：

> 身随番舶朝朝远，魂附东舟夕夕还。
> 收拾闲情沉逝水，恼人新月故弯弯。

苏曼殊离开日本后，又写过诗歌《寄调筝人》（三首）赠予百助，来诉说他的相思之情，其中一首为：

> 偷尝天女唇中露，几度临风拭泪痕。
> 日日思卿令人老，孤窗无那正黄昏。

与百助的交往是苏曼殊心中永远的痛，他在以后的日子里仍然会不时地想起百助，他心中有梗，有纠结，他不能给百助任何承诺。

三是与其他青楼女子的交往。与苏曼殊往来较多又能够得到他喜爱的青楼女子有不少，桐花馆、素贞、花雪南等是其中较为惹人注意的几位。她们美丽温婉，才色俱佳，是苏曼殊的温柔乡，任他徜徉其中。桐花馆是苏曼殊特别钟爱的，她亭亭玉立，如出水芙蓉，又偶尔效仿欧洲女子，花冠革履，如西方美人，让人耳目一新。所以苏曼殊赞许她"惊才绝艳"。素贞是当时上海的著名校书，苏曼殊虽然同她交往较多，但也仅仅是默默欣赏，只是将几张照片存放在行囊中或者挂在墙上欣赏而已。

花雪南是这众多女子中，对苏曼殊的生活、情感以及创作产生过较多影响的一位。花雪南为人持重，生性婉慧，气质清高，没有轻佻的恶习。据说女英雄秋瑾就十分赏识她，还曾赠给她两首七绝诗，开篇便是"雪南可人"四个字，可以显见花雪南受到苏曼殊欣赏的原因。据说苏曼殊曾对花雪南说：

> 爱情者，灵魂之空气也。灵魂得爱情而永在，无异躯体恃空气而生存。吾人竟日纭纭，实皆游泳于情海之中。或谓情海即祸水，稍涉即溺，是误认孽海为情海之言耳。惟物极则反，世态皆然。譬如登山，及峰为极，越峰则降矣。性欲，爱情之极也。吾等互爱而不及乱，庶能永守此情，虽远隔关山，其情不渝。乱则热情锐减，即使晤对一室，亦难保无终凶也。我不欲图肉体之快乐，而伤精神之爱也。故如是，愿卿与我共守之。

而花雪南也喜欢苏曼殊，对苏曼殊始终情意缠绵。然而虽然两人情投意合，心有灵犀，但他们仍然未能终成眷属。

14　　四是与华裔女子佩珊的交往。苏曼殊与华裔女子佩珊的交往可以说是露水情缘。苏曼殊是为了逃避爱情，发誓要去西天佛国接受洗礼净化，途经锡兰之时与她相遇的。遇到佩珊后，他竟然还是无法抑制内心爆发的情感，去游历的初衷付诸东流。他感觉自己六根不清净，愧对佛祖，所以半途悄然回国，这段恋情也就不了了之了。

苏曼殊出入青楼，阅人无数，却一直守身如玉，从不越雷池半步。所以他的朋友们曾说："曼殊出入酒肆花楼，其意不在花，也不在酒，不过凑凑热闹而已。"是的，苏曼殊表面上风流又洒脱，实则内心有一道无法逾越的鸿沟。即使与他心仪的歌伎同床共枕，他也能够做到不动性欲。有人曾质疑苏曼殊的身体状况，但都被苏曼殊正容称谓的"精神之爱"破解。柳亚子先生也曾代他做过解释："释衲以来，绝口婚宦事，晚居上海。好逐狭邪游。姹女盈前，弗一破其禅定也。"这也只能说苏曼殊对那些女子，都

是所谓的柏拉图式的爱恋吧。

苏曼殊仍然常常出入餐馆、妓院，叫局吃花酒。上海的"江南春""海国春""一家春"等都是他常去逍遥的所在。秦毓鎏先生在《曼殊之少年时代》中有过记载，他说，苏曼殊在上海"每宴必致多客，一人所识无多，必托友人辗转相邀。问其故，则曰：'客少，不欢也。'客至则开宴，宴毕即散，不通姓名，亦不言谢，人皆讶之"。苏曼殊在长沙任教时也曾经攒下不少钱，可是都被他任意挥霍掉了。苏曼殊放荡不羁，他曾登报声称专门给年轻的女性作画，其他概不接待，就连亲朋好友也不例外。但只要有女子索画，他便毫不吝惜，不要一点润笔费，只要求画女子的玉照即可。他曾在大街上因为狂追一个女子摔倒而没有赶上公交车，他肆意调笑重达400斤的肥硕无比的美国女人，他携妓出游、偎红倚翠……这些他习以为常的所作所为，都是他狂放播撒情种的举动。

《弘一大师永怀录》一书收录了孤芳先生的《忆弘一法师》一文，里面把苏曼殊和李叔同进行了比对，他是这样说的：

> 在太平洋报社里有两位出色的画家，一个是当时已作了和尚的苏曼殊，再一个就是未来的和尚李叔同。这两位画家的为人与画风各有特色，也十分令人感慨。苏曼殊画山水，其取材多古寺闲僧或荒江孤舟，颇具一种萧瑟孤僻的意味，这与他当时那种"浪漫和尚""怪僧"的性情极不相符。而李叔同呢？他性格清淡、稳重，但所绘之作，用笔雄健遒劲，也与其性情不符。《太平洋报》编辑多为南社同人，他们在编辑之余，经常出入于歌廊酒肆之间，"或使酒骂座，或题诗品伎，不脱东林复社公子哥儿的习气"。苏曼殊虽早已出家，却也混迹其中，唯李叔同孤高自恃，绝不参与。

从这段话中可以看出，苏曼殊的洒脱不羁与李叔同的孤高自傲形成了鲜明的对比。

但苏曼殊与这些女子过从甚密且纠葛不断，并不是对她们的赏玩和亵渎。对于她们，苏曼殊有同为天涯沦落人的感触。他渴望真爱，却又适时地逃避激情。他人为地割断了灵与肉之间最热切的呼应，使二者各司其职，但感情之事，本来就是乱麻一团。苏曼殊也是这样，他对这些出众的女子，可谓真心实意——为她们赋诗，为她们作画，为她们排遣身世沉沦的伤感……其中所付出的感情，所透支的精神，只有苏曼殊自己才知晓。

苏曼殊在海外时，乃至在因暴饮暴食缠绵病榻时，还念念不忘上海那一群可人的年轻女子。百无聊赖之际，他在东京写信给国内的至交好友刘三：

这首绝妙好词，是苏曼殊真情实感的流露。他爱慕她们，放心不下她们，还把她们托付给好友照顾，这是苏曼殊的情意。

（三）三次剃度，甘苦于心中自知

三次出家，这该是对当时的境况多么绝望、多么厌弃才能义无反顾做出的举动？三次还俗，这又该是对当时的社会多么不舍、多么经受不住现实的诱惑才按捺不住做出的选择？有人可能会说，苏曼殊率性无拘，游刃于红尘与佛陀之间。苏曼殊率性无拘是真，可是，这三次出家又三次还俗的背后，有着多少的悲，又有着多少的叹！

他天资颖秀，又才华早露，在4岁的时候，就显现出了优秀的绘画天赋，据说，他曾"伏地绘狮子频伸状，栩栩欲活"。还是那一年，有一位偶然见到苏曼殊的过路相士，看到苏曼殊双眸朗若流星，忍不住停下来感叹道："是儿高抗，当逃禅，否则，非寿征也。"不知这位相士是真的"道高一尺"，还是误打误撞，苏曼殊的命运好像掌握在了他的手中。如果颖慧过人的苏曼殊生活在一

个幸福美满的家庭，有着一帆风顺的经历，肯定有另一番境况和光明的前途。可是，恰恰相反，他的出身是他心中永远的痛，他的家人是他心中抹不去的疤！

他第一次出家，在 1895 年。关于苏曼殊的身世，前面已经提及，因为生母远在日本，养母被迫离家，父亲漂泊不定，又赶上苏家家道中落，身世凄惨又体弱多病的苏曼殊更加孤苦伶仃，受尽族人的歧视与虐待。尤其是 12 岁的时候，因为一场大病，他被苏家嫡母黄氏和当家的大陈氏弃置于柴房自生自灭。奇迹般逃过这场劫难的苏曼殊，身体康复了，可是幼小的心灵却伤痕累累。就这样，他在苏家无法待下去了，于是，选择了遁入空门，跟随化缘和尚赞初法师到广州长寿寺出家，为"驱乌沙弥"。他在寺里遵守教规，表现一直不错。但他的年龄实在是太小了，经不起美食的诱惑，于是就偷捉了一只鸽子来吃。这可犯了佛家大忌，他被赶出寺院。

苏曼殊这次出家的时间不长，但对他后来的影响却不小，他的侄子苏绍贤后来回忆说："先叔……初入大同学校，常于暇绘僧像，学念经，以为乐。所著之衣，所剃之头，一举一动，酷类僧人，同学咸呼之曰'苏和尚'。"

第二次出家，在 1899 年。那时他刚刚 16 岁，正是情窦初开的时候。与日本女孩静子的温暖无比的初恋被无情地扼杀，爱人静子跳海殉情是苏曼殊再次出家的主要原因。心灰意冷的苏曼殊回国，到广州白云山蒲涧寺当了"门徒僧"。当时他为了向住持表示自己虔诚向佛的诚意与决心，还曾以"自刎"相要挟，要求住持为他剃度。果然，他"闭关"三个月，潜心修行。

然而，正像他诗中所写的一样："山斋饭罢浑无事，满钵擎来尽落花。"他人在寺院里，可心已经飞离，他认为，他完全可以身在红尘而心在寺院，所以，他又重新入世了。这次出家，他在蒲涧寺没有待多久，便悄然离去，又返回了日本横滨。

第三次出家，在 1903 年。这次出家主要是因为他报国无门。当时章士钊、陈独秀创办了《国民日日报》，苏曼殊在那里做事，正当他想大展宏图之时，报纸却因为内讧而停刊。失望之余，他去香港投奔《中国日报》的陈少白，但没能如愿以偿。后来又得知章太炎、邹容二人因为"苏报案"而被判"永远监禁"。意气风发的苏曼殊像被当头泼了一盆冷水，从头凉到脚，他内心苦闷异常，无处发泄。再度心灰意冷的他在广东惠州第三度削发为僧，世称"曼殊上人"。他皈依佛门，发誓要扫叶焚香，让青灯古佛伴他终老。

可是，他还是没有耐得住佛门的清冷孤寂，也没有受得了芒鞋破钵之苦，第三次狼狈地回到尘世，进入《中国日报》社。这次回归，他非常迫不及待，连僧衣僧帽都没有来得及脱掉。陆丹林先生在《记曼殊出家及欲枪击康有为事》一文中曾这样写道：

> 曼殊以冯自由之介，抵港即居于此，性情孤介，足不出户，食宿之余，鲜与人语。
>
> 忽告陈先生，谓决意出家为僧，欲往省城受戒。陈察其素性坚僻，无可挽留，乃送数十金，以资其行。去数月，复回，则居然僧衣僧履，罩以薄棉蓝布长坎肩。询其情况，自言：出门后，茫无所知，既而囊金欲尽，相识者荐往惠州某庙落发。庙为破庙，主持其一老僧，即其师也。

但是，从这以后，他却以"和尚"自居，拿着窃取的已故师兄博经的度牒，过起半僧半俗的生活。后来，他得到朋友的资助，以古代高僧玄奘、法显为榜样，不远

陈少白主持的《中国日报》

万里去暹罗朝圣，在玉佛寺拜乔悉摩长老为师，潜心研习梵文，还独身前往锡兰菩提寺，开筵讲经，很受欢迎。回国途经越南时，他还以当地烙疤的方式再度受戒，在手臂上烙了九个香洞。这一次，苏曼殊游历了暹罗、缅甸、印度、越南等国，考察了佛教圣地，回国后还打算离群索居过隐士般的生活，但最终又抑制不住心中关注现实的热情，受金陵刻经处杨仁山老居士的聘请，到"祇洹精舍"——近代第一所新式教育的僧学堂里教英文。

苏曼殊曾在他的《燕子龛随笔》中记载了他在这个精舍卧病的事情：

> 十一月十七日病卧祇洹精舍，仁山老檀越为余言秦淮马湘兰证果事甚详。近人但优作裙带中语，而不知彼姝生天成佛也。

人们在思想上想不通，而以为到了穷途末路的时候，往往会寻求精神上的寄托和慰藉。信仰宗教就是其中一种途径。苏曼殊也是这样，他童年不幸，"每一念及，伤心无极矣"。直到后来，社会的黑暗、事业的挫折、世态的炎凉、爱情的折磨等等，无不让苏曼殊觉得世界险恶、艰苦，以至于"曼殊不愿栖身于此五浊恶世也"。他的三进三出，就是他人生最真实的写照。他出家，不是已经看破红尘，而是以为自己已经看破了红尘；他还俗，不是因为热恋尘世，而是因为无法摆脱尘世。

三、佯狂玩世一苦僧

以僧名风闻那个时代的苏曼殊，有着过人的才情和胆识，却袈裟披肩风雨一生。他佯狂玩世，以疯疯癫癫、玩世不恭的行为举止来抗争多舛的命运；他冷寂苦困，半僧半俗地革命、工作，过着苦行僧般窘困潦倒但又奇异多彩的生活。他孤冷寂寞的面孔下，不知掩藏了多少古怪离奇的奇闻逸事和不同于常人的人生经历。

南怀瑾先生对苏曼殊这位集才、情、胆识于一身的情僧、诗僧、画僧、革命僧的"一切有情，都无挂碍"的35年的红尘孤旅，进行了总结概括，他在《中国佛教发展史略》中这样评价：

> 在民国初年以迄现在，由章太炎先生与"南社"诗人们烘托，擅长鸳鸯蝴蝶派的文字，以写作言情小说如《断鸿零雁记》等而出名，行迹放浪于形骸之外，意志沉湎于情欲之间的苏曼殊，实际并非真正的出家人。他以不拘形迹的个性，在广州一个僧寺里，偶然拿到一张死去的和尚的度牒，便变名为僧。从此出入于文人名士之林，名噪一时，诚为异数。好事者又冠以大师之名，使人淄素不辨，世人就误以为僧，群举与太虚、弘一等法师相提并论，实为民国以来僧史上的畸人。虽然，曼殊亦性情中人也。

南怀瑾先生的评价可谓切中肯綮。苏曼殊是性情中人，他的佯狂和苦寂，给后人留下了无尽的思考和感慨。

苏曼殊佯狂疯癫，有着玩世不恭的一面。

一是他对金钱毫不在意。他囊中羞涩、一贫如洗时，从不会向朋友借钱；对周济照顾他的朋友，毫不客气，坦然接受也不道谢，当然更不会偿还。他曾经好几天吃不上饭，饿得在床上辗转呻吟，可当朋友让他吃饱喝足又给了他很多钱后，他却不会节省着细水长流地、有计划地去花费并安排自己的生活，而是拿着刚刚得到的钱高兴地到了市场上，看见设计精美的自行车，只因为喜欢就掏钱买下。谁知他根本不会骑自行车，只是随心所欲而已，他转眼就把刚刚饥饿难忍的痛苦抛到九霄云外去了。后来，他还把仅剩的不多的钱全部慷慨送给了一个好几天没有吃饭的乞丐，以至于几天后朋友又看到他卧床呻吟时，还以为他在绝食自弃。另外，他嗜糖如命，把朋友给他买裤子的钱全部买了爱吃的摩尔

登糖，你能想到他此刻还在光着腿吗？朋友给他钱让他去买蓝布袈裟，他随便抓出一把钱拿起袈裟就走。他在回去的路上狂奔，因为倒披着袈裟，口袋朝下，所以剩余的钞票全都天女散花般不知去向了。

孙中山曾让宋教仁接济过苏曼殊二百大洋，可欣喜若狂的苏曼殊却发请柬大宴宾客，孙中山、宋教仁赫然在来宾之列。真是让人哭笑不得！冯自由曾说过，苏曼殊"居沪时，又遇行囊稍丰，即喜居外国饭店，谓一月不住外国饭店，即觉身体不适"。他喜欢住外国饭店，喜欢抽雪茄，喜欢读英美小说，完全一副富家公子的做派。烟瘾犯了又一文不名的时候，他甚至现场敲掉金牙，当作烟钱。有了稿费时，他便天天呼朋唤友出入高档饭馆，还乘坐超过租车几倍价钱的豪华出租车招摇过市，很快就囊中羞涩了。

苏曼殊因饮食无节，得了重病在上海霞飞路住院，他的朋友程演生去探病时，他拿出好多张当票，嘱咐程演生代为赎回他当掉的东西。可是程演生也囊中羞涩，没能够帮助他。蒋介石听说了此事，就让陈果夫给他送了些钱，并接苏曼殊到新民里蒋介石的住处疗养。可见他生活拮据，的确是苦不堪言。

他生活虽苦，但还是慷慨助人。他和柳亚子游西湖时，曾遇到一位白发苍苍的老妈妈，这令他想起了身在日本的老母亲。当看到老人家徒四壁时，他就以要做布褂为名送了好多钱给老人，没有丝毫的不舍得。

没钱时饿到卧床痛苦呻吟，有钱时瞬间挥霍一空，就这样，他一次两次，反反复复，仍不知悔改、不知打算，就连生病住院也不知道节省。有一次，他竟然沦落到把随身穿的衣服典当当药费，以至浑身上下几乎一丝不挂而无法见人、无法出院，真是可悲可叹。不以物喜，不以己悲，这就是特立独行的苏曼殊。

二是他对朋友不拘礼数。苏曼殊对朋友不拘小节，很多行为甚至让人觉得莫名其妙、哭笑不得。在日本时他曾与刘师培夫妇同住，刘师培的爱人何震还跟着他学画画，是他的学生。可是有一天晚上他竟然一丝不挂、赤条条地闯入夫妻俩的卧室并大骂一通，真是让人丈二和尚摸不着头脑。陈独秀、章士钊同苏曼殊合租时，因生活所迫让他去典当衣物，然后买些吃的回来。可是苏曼殊不仅半夜才回来，而且完全忘记了典当的初衷，只带回来他想买的书，陈独秀和章士钊也无可奈何，只好饥肠辘辘地上床睡觉去了。有一年冬天，陈去病到上海，只带了一床薄被。苏曼殊当时没有被子，就强行把陈去病的薄被要了去，并不管别人怎么度过上海那阴冷潮湿的冬天。苏曼殊就职的《国民日日报》报馆被封后，他想离开上海，可是陈独秀与何梅士不同意，他便邀请何梅士去戏馆看戏，刚刚落座，便说要回寓所取钱付账，结果一去不回，只留下一封信不辞而别。苏曼殊偷朋友章士钊的钱，据说是因为没有路费，然后留信告别，只身去了香港。

苏曼殊不拘小节，但也信守承诺。1905 年春，他的朋友赵伯先曾向他求画，但由于他着急东赴日本便没有兑现承诺。没想到由于 1911 年广州爆发的黄花岗起义失败，赵伯先忧愤成疾，呕血而死。苏曼殊得知噩耗后，含悲作了一幅《荒城饮马图》，在赵伯先的墓前焚烧，以示悼念之情。

刘师培、章太炎都是苏曼殊的朋友。当听说刘师培叛变民主革命时，苏曼殊痛心而愤激；得知章太炎变节后，他马上对他进行了指责。率性、纯真、坦诚的一面，苏曼殊表现得淋漓尽致。

三是他对女人只是凝视。前面已经提到，苏曼殊跟很多女性都有来往，他喜欢她们，她们也钟情于他。但是，苏曼殊跟她们的交往，不同于常人跟青楼歌伎或校书们的交往。据说，苏曼殊经常招一些校书，但只是瞪目凝视，久久地在对面坐着，不说一句话，然后再送她们回去。如此，惹来这些校书们的议论，她们中有的人甚至认为苏曼殊这个和尚，简直是个疯子。

苏曼殊不同于一般人，就连偶然得到一张有美女照片的明信片，他都能为之写一篇小传——《碧迦女郎小传》，而且写得像模像样，好像他真的跟这个女郎有什么交往一样。还有，他会为偶

然在大街上发现的漂亮女性而情不自禁，有一次竟然因为追赶电车上的艺伎而摔倒磕掉了门牙，朋友们取笑他，可他却不以为意。吃花酒，邀妓女作陪，是苏曼殊在上海期间常干的事。上海的名伎之中，有不少是这位苏和尚的"精神爱人"。

苏曼殊爱女人，也会因为女人而备受煎熬。那些温良贤淑、有才学有文化、修养好的女子，苏曼殊身边有不少。雪鸿、静子、百助等，都是围绕在苏曼殊身旁欣赏他、为他痴狂的女子，她们在苏曼殊的小说中都有被描写。但这些描写都仅限于苏曼殊理想化的描摹刻画，他与这些女子都没有成婚配，原因也大都在于苏曼殊自己，是他在关键时刻退缩了。不是他不想，而是他不能，这其中的纠结和煎熬，在后面的"情僧"章中会详细进行分析剖解。

这个情种的爱恋，在很大程度上是柏拉图式的，他不敢轻易越性爱的雷池，也因此，他跟女性的关系纠缠一时，最终都是以分手而宣告结束。即使被他视为知音的调筝女百助，也是这样。

这样的例子还有很多，难道苏曼殊真的像柳下惠那样坐怀不乱？我们无从知晓，但他的难以言喻的痛苦，却编织到了他的诗文里，愁也有，恨也有，遗憾也有，无奈也有……他的一生为情所困，他爱世间所有美好的女子，情到深处时可以为她们穷尽所有，但当女子要以身相许时，他又会及时地抽身，快刀斩乱麻般挥剑斩情丝。一句"还卿一钵无情泪，恨不相逢未剃时"成了他脱离她们的最好的借口和托词。

四是他饮食无度，时而暴饮暴食，时而数日不食。苏曼殊在男女之事上可谓胸中有铜墙铁壁，任何利器都不可能戳穿他，可是对美食，他却没有丝毫的抵抗力。他饮食无度，有时能顶好几个人的食量，有时又如绝食般粒米不进。

他尤其喜欢甜食。上海同芳居茶馆是他最常去的地方，就是因为那里有一种西洋摩尔登糖，据说这种进口糖果是茶花女喜欢吃的，苏曼殊因为仰慕茶花女，所以也特别爱吃这种糖。据柳亚子先生回忆：

> 君工愁善病，顾健饮啖，日食摩尔登糖三袋，谓是茶花
> 女酷嗜之物。余尝以芋头饼二十枚饷之，一夕都尽，明日腹
> 痛弗能起。

他吃糖无度，被时人戏称为"糖僧"。苏曼殊自称"日食酥糖
三十包"。据说，他离开爪哇时，囊中尚有百金，可他居然全用来
买了糖果，而且海轮还没有靠岸，糖果竟已全部被他吃完。另外，
他还有一个"三日后当再来打扰"的典故，也是缘于贪吃糖果。
有一次，他在朋友家吃完糖果，朋友问他：明日能过来坐坐吗？
他答曰：不行，吃多了，明日须病，后日亦病，三日后当再来打
扰。这的确让人哭笑不得，他好像一个婴孩儿，竟然不知道饥饱！
苏曼殊贪吃是人所共知的，如果条件允许，他会整天食不离
口，糖果、烧卖、年糕、八宝饭不离左右，写一行字，就要吃一
口东西。有一次他和人打赌，竟然一口气吃下了 60 个小笼包。还
有一次，朋友买了栗子，苏曼殊吃后感觉意犹未尽，就自己去买
了几包，回来全部吃完，结果可想而知，他的肚子胀得好像要裂
开了，难受得他一整晚都无法入睡。对于吃，他从来都是肚子至
上，健康靠后。以至于他生病住院，钱花了不少，病却不见好，
原来竟是他偷吃医生严令禁食的糖炒栗子。都病入膏肓了，还管
不住嘴，苏曼殊在自寻死路啊！他想吃鲍鱼，费公直便命人买回
一盘。可吃完后他还不过瘾，就自己又跑去连吃三大盘，当夜便
腹痛难忍，气息奄奄，休息了好几天才好些。他还爱吃八宝饭，
沈尹默曾在苏曼殊死后作了一首名为《刘三来言子谷死矣》的诗，
来寄托对他的哀思，其中就提到了八宝饭：

> 君言子谷死，我闻情恻恻。满座谈笑人，一时皆太息。
> 平生殊可怜，痴黠人莫识。既不游方外，亦不拘绳墨。任性

以行游，关心唯食色。大嚼酒案旁，呆坐歌筵侧。寻常觉无用，当此见风力。十年春申楼，一饱犹能忆。于今八宝饭，和尚吃不得。

章太炎在《曼殊遗画弁言》中说苏曼殊：

> 一日饮冰五六斤，比晚不能动，人以为死，视之犹有气，明日复饮冰如故。

他一次能吃甜腻的吴江特产麦芽塔饼24块，超过常人食量的8倍之多。他喜欢吃牛肉，以至于在写给美国纽约哥伦比亚大学的朋友邓孟硕的信中，内容多半是吃。他这样写道：

> 唯牛肉、牛乳劝君不宜多食。不观近日少年之人，多喜牛肉、牛乳，故其性情类牛，不可不慎也。如君谓不食肉、牛乳，则面包不肯下咽，可赴中土人所开之杂货店购顶上腐乳，红色者购十元，白色者购十元，涂面包之上，徐徐嚼之，必得佳品。

苏曼殊像饕餮一样贪食豪饮，因为过于贪图口福而被朋友们戏称为"糖僧"和"牛肉大师"。对苏曼殊而言，可谓佛祖心中坐，酒肉穿肠过。

他有钱时豪掷千金，囊中羞涩时便坐拥棉被喝水度日。生活窘困的他曾取锤敲落镶金的门牙去换糖，章士钊因为这事还特地写了一首诗取笑他：

> 齿豁曾教金作床，只缘偏嗜胶牙糖。
> 忽然糖尽囊羞涩，又脱金床付质房。

除了拿金牙换糖，苏曼殊还典当过外套，换来的钱还是买烟买糖，即使是大冬天挨饿受冻也在所不惜。

他的贪吃，也成了向他求画的朋友们的把柄。《太平洋报》总编叶楚伧向他求画《汾堤吊梦图》，可是苏曼殊一再拖延。于是叶楚伧就告诉苏曼殊，他买了好多好吃的，有五香牛肉、摩尔登糖，还有吕宋烟，请苏曼殊去品尝。苏曼殊一听有吃的便没有了一丁点儿的矜持，他冲上楼后，叶楚伧随即锁上了房门，并告诉他画不完画就别想出来。外面有美食吊着胃口，苏曼殊就来了灵感，很快画便成了。

可见，苏曼殊对美食没有丝毫的自控力，就连给柳亚子先生写信的落款，都是"写于红烧牛肉鸡片黄鱼之畔"，好像他正津津有味地品尝着美味佳肴一般。他在给柳亚子的信中还幽默诙谐地谈及自己病重贪食的情景：

> 病骨支离，异域飘零，旧游如梦，能不悲哉！瑛前日略清爽，因背医生大吃年糕，故连日病势，又属不佳。每日服药三剂，牛乳少许。足下试思之，药岂得如八宝饭之容易入口耶？

另外，苏曼殊还描述过自己贪吃的状貌：

> 月饼甚好！但分啖之，譬如老虎食蚊子。先生岂欲吊人胃口耶？此来幸多拿七八只。午后试新衣，并赴顺源食生姜炒鸡三大碟，虾仁面一小碗，苹果五个。明日肚子洞泄否，一任天命耳。

文中把自己那副老饕相写得栩栩如生，可见他明知多食必伤身，但仍然对各类佳肴照单全收，的确有以身试法的意思了。

陈独秀比较理解并懂得苏曼殊，他曾这样说过：

照这样看来，当曼殊是傻子的人，他们还在上曼殊的大当呢，曼殊的贪吃，人家也都引为笑柄，其实是他的自杀政策。他眼见举世污浊，厌恶的心肠很热烈，但又找不到其他出路，于是便乱吃乱喝起来，以求速死。

他还说：

在许多旧朋友中间，像曼殊这样清白的人，真是不可多得了。

这是对苏曼殊的肯定和极高的褒奖。

五是他做事狂热执着。苏曼殊虽然个性乖张异于常人，但做事认真执着，所以才能在短短的 35 年里留下这么多的作品。可以说，他做什么像什么，做什么成什么。他写诗，成就了"诗僧"的名号，并不是每一个会写诗的和尚都被称为诗僧；他作画，求画之人络绎不绝、翘首期盼，成就了他"画僧"的名号；他投入地从事革命活动，认认真真地为革命组织做着每一件事情，慷慨激昂、豪情满怀，成就了"革命僧"的名号。

他写诗、写小说、绘画、翻译、教学，样样得心应手。他曾经和张继、黄兴等人在长沙任教，他的同事后来回忆他时说：

除授课外，镇日闭户不出。无垢无净，与人无町畦。娴文词，工绘事，然亦不常落笔，或绘竟，辄焚之。

当时，苏曼殊还常被学生侮弄，所以当他郁闷无处宣泄时，就常背着人直挺挺地坐在那里，歌哭无常。

苏曼殊经常直勾勾地盯着别人，那是一种不错眼珠的直视，有人称他为"苏神经"，认为他是神经病。其实，那何尝不是一种

佛像　苏曼殊绘

认真、一种钻牛角尖儿呢。如果他不在意别人的目光，那他必定不会伤心流泪。

他翻译的法国著名作家雨果的《悲惨世界》（《惨社会》），虽说没有完全忠于原著，但从开始到完成，只用了不到两个月的时间，不能不说是翻译界的快手，是值得大书特书的一笔。另外他的《女杰郭耳缦》《呜呼广东人》都是在这一年发表的。可是，他仍感叹他的国学功底浅薄，便借此机会向章太炎、陈独秀等学习古典诗词。

是的，他可以身穿楚楚长衫，设坛讲学，以教师的身份化育学子；他可以西装革履，风度翩翩，以诗人才子的仪态现身诗坛；他可以激昂慷慨，奋不顾身，以天下为己任；他还可以身披袈裟，点青灯读黄卷，遁避红尘，潜心向佛。出家也奇，入世也奇，正是这"奇"，铸就了苏曼殊。

六是作为著名画家，他却从不卖画。苏曼殊是画僧，他的书法和绘画，都是上品。但他从不卖画，穷困潦倒时也不卖，平时也只是偶尔作些小品来送人。据说，想向他求画的人，必须要资助他遨游名山，代价可比买画高多了。

苏曼殊的画难求，柳亚子与他相交十多年，始终没有得到他馈赠的画作。柳亚子先生所拥有的苏曼殊的两幅画，还是由他人

转赠的，这成了柳亚子先生一生中最为遗憾的事情。关于苏曼殊的画作难求的事情，有一些闲闻逸事，可窥见一斑。

当时的上海市长张岳军非常喜欢苏曼殊的山水画。他多次请画，但却一直没有得到，后来得知苏曼殊好吃糖果，于是便买来送给苏曼殊。苏曼殊知道了他的心思，就笑着说："君岂欲得余画耶？不然，胡以日破悭囊也？"于是就作了一小幅画：画上有远山新月，有疏柳寒鸦，意象惨淡苍茫，极尽绘画之能事。张岳军看后非常高兴，连连道谢。可是苏曼殊却笑着说："未也！"他说还没有画完，就突然用笔从斜月到柳梢又画了一道长长的线，画后扔掉画笔起身说："月上柳梢头，人约黄昏后。此真绝妙画境也。"这幅完美的画作瞬间被毁掉了，当张岳军想制止时，已经来不及。

苏曼殊擅画，但他不勤于画。李一民先生在《曼殊遗闻》中说："曼殊工绘事，顾性懒不恒作。"苏曼殊在南洋时，打算用一个月的时间画成一幅巨作，还特地乘车去选购绘画所用的纸张和画具。准备工作已做好，画具也齐全了，他铺开纸张，开始作画。可是一不小心，几滴墨滴到了纸上，于是苏曼殊将笔一扔，巨幅

29

山水　苏曼殊绘

画之事就此作罢。

张卓身先生在《曼殊上人轶事》中提出：

> 其画，山明水秀，超然有遗世独立之慨。然亦不多作，兴至则作之。与其诗相称，均足以见胸襟，并传不朽。曼殊尝谓："题词与和人诗不作，作亦不佳。"

作为画僧，苏曼殊一生，留下了不少名作。但他的方方面面，都显示着他的与众不同甚至是怪异荒诞。潘一平先生在《西湖人物》中谈到苏曼殊时说：

《鼎湖飞水潭题壁画》　苏曼殊绘

> 苏曼殊真是个怪人，来去无踪……他在白云庵，白天睡觉，到晚来披着短褂子，赤着足，拖着木屐，到苏堤、白堤去散步，有时直到天亮才回来。他除了吟诗外，也喜欢画画。他画得很多，纸不论优劣，兴之所至，手边的报纸也会拿起笔来涂鸦。不过若有人诚心诚意地去向他求画，他又变得非常矜贵了。

马仲殊先生在《曼殊大师轶事》中这样写道：

> 曼殊善绘事，每于清

风明月之夜，振衣而起，匆卒间作画。既成，即揭友人之帐
而授之。人则仅受之可耳；若感其盛意，见于言词，语未出
口，而曼殊已将画分为两半矣。

是啊，苏曼殊性情率真坦诚，看悲剧时会泪眼婆娑，听哀乐
时会袈裟湿透，思故人时会潸然泪下。他反对清朝的腐朽统治，
但是对一直拥护清王朝的辜鸿铭又表示出欣赏的态度。他曾拒绝
孙中山的邀请，不乞求一官半职，不指望光宗耀祖。他爱画日本
妇人的发髻。他率性而为，不拘小节。他言行怪诞，充满了孩子
气，有时可爱，有时不可理喻。他冲动，他曾醉心于无政府主义，
他是一个想搞暗杀的和尚。他不留恋一时一地，他的奔波也是一
种对痛苦的宣泄。

第二章

情　僧

东汉许慎在《说文解字》里说："情，人之阴气有欲者也"，"性，人之阳气性善者也"。"有欲"与"性善"，均是对字义的解释，而前面的"人之阴气、阳气"，则说明了情、性均为人的天生既有之物，同时将其划归为阴阳之属。简单点说，"情"就是有欲望、有情欲、有性情的人天赋所拥有的，它是对事物的关心和牵挂。"情"字拆开来看是一个竖心和一个"青"字，这倒好像正应

苏曼殊与友人合影

和了苏曼殊的情态，一个站立的、能承载社会功能的，并有一定容量思维的青年的情怀。它和朋友结合就是友情，是情谊；和女性结合就是爱情，是情爱；和书画结合就是文情，是书卷；和革命结合就是豪情，是博爱……

苏曼殊的"情"在朋友之间，有时真诚可爱，有时又不可理喻。他与革命党人赵伯先的交往就是真诚的写照。赵伯先曾向苏曼殊求画，苏曼殊立即应允，但当时他正急着东渡日本，没能画成。后来赵伯先因为黄花岗起义失败而忧愤成疾，呕血而死。虽时隔多年，苏曼殊仍旧记得当年的承诺，他忍住悲痛作了一幅《荒城饮马图》，并在赵伯先墓前焚烧以表示对故友的哀悼之情。他和陈独秀合译《悲惨世界》，没有翻译完就要出走；在冬天时会因为自己没有被子就硬拿走陈去病仅有的一条薄被；还曾经因为去香港没有路费而偷偷拿走章士钊的钱，只是留下一封信作告别；在日本与刘师培、何震夫妇同住时，他还一丝不挂地闯入人家的卧室，指着油灯足足骂了两分钟才扭头离开……像这样不可理喻的例子还有很多，这也算得上是他的不拘小节，跟朋友不分彼此了吧。

他的"情"在革命之中，有时冲动大言，有时又自我纠结。苏曼殊曾醉心于无政府主义，赞同暗杀。1903年，他一度打算刺杀保皇党首领康有为。袁世凯称帝时，苏曼殊发表讨袁宣言，以一个和尚的名义教训袁世凯。他这样写道："今直告尔：甘为元凶，不恤兵连祸结，涂炭生灵，即衲等虽以言善习静为怀，亦将起而褫尔之魄！尔谛听之。"

苏曼殊（右）与友人马骏生

他的"情"在人世之间，有时俗，有时僧。他没有恒事也没有恒产，他不留恋一时一地，游走于僧俗之间，他的情是奔波，是无奈，也是对痛苦的宣泄。可以说，苏曼殊用他的生命实践，把"情"发挥到了极致。他是个情僧，虽出家却忘不了红尘。他爱女人，上至大家闺秀，下至歌舞艺伎，在他的眼中，无一不温良贤淑、知书达理，有着很高的文化修养。

苏曼殊一生为情所困，遇到钟情的女子，"情欲奔流，利如掣电"，遇女子以身相许时，又"还卿一钵无情泪，恨不相逢未剃时"。在情字上纠结一生的他，遗笔为"一切有情，都无挂碍"，可以说，生未落实，死时也空。本章就着眼于苏曼殊的爱情、情爱、哀情、婚姻理想以及他的"情与佛"的纠结，梳理他作为"情种"的一生。

一、情种苏曼殊

苏曼殊一生为女人备受煎熬，他爱女人，他生活中的、作品中的女性，全都有着很高的文化修养。有学者曾这样评价说："曼殊小说中的女性无不是理想化的集智慧与美貌于一身的妙龄少女，现实中，这样的女性本就不多，而条件俱佳的女性又难免目无下尘，习惯于男人围着自己。曼殊在大男子主义传统下长大，自然幻想条件出色的女性为自己痴狂。"

（一）初恋：刻骨铭心、痛彻心扉

初恋是爱情萌发的最初部分，可以说人在初恋中第一次尝到"情"的滋味。它是以异性的自然吸引为基础的，是不自觉的，是最纯洁、最真挚的感情，它不含有任何杂质，不考虑各种各样的社会因素，是两性之间最自然的爱恋。所以，初恋的美好不言而喻，初恋的记忆刻骨铭心，因而，初恋的不成功所留下的痛楚也可以想见。

苏曼殊的初恋对象叫静子，是一个日本姑娘。在15岁那年，苏曼殊随表兄去日本横滨求学，在养母河合仙的老家，他与静子

苏曼殊故居

一见钟情。

苏曼殊在大同学校基本安顿好之后，便迫不及待地赶到河合仙居住的逗子樱山故居看望养母。河合仙与苏杰生离异之后，就一直住在这里。在云绪町，九年未与儿子见面的母亲激动得热泪盈眶，苏曼殊更是哽咽得说不出话来。母亲的抚慰和浓浓的爱意，不仅使得苏曼殊暂时忘却了旧日的屈辱和漂泊的孤寂，更激起了他内心的诗情与浪漫。所以，他与静子的爱情就自然而然地萌芽了、开花了。他们的相恋看似偶然，实则有着不期而遇的必然，那瓣瓣樱花，正诉说着他们如樱花般绚丽但短暂的尘缘……

静子与苏曼殊年龄相仿，两人一见如故。他们有着共同的爱好，一起读书，一起讨论拜伦……女孩儿的美貌和才学让苏曼殊的心狂跳不已，苏曼殊的特立独行和豪放悲悯也让女孩儿一见倾心，两人都有着难以抑制的渴望，爱情的涟漪在二人心中荡漾。

可是，流传千古的爱情，往往以喜剧开始，以悲剧结束，苏曼殊与静子的爱情同样没能幸免。

苏曼殊的本家叔叔听说他在日本的恋情之后，竟然斥责他的行为辱没了苏家的名声。其实，这相当可笑！苏家在当地是望族，但名声，尤其是婚恋方面，还真是摆不上台面。就拿苏曼殊的父亲苏杰生来说吧，他娶了几房妻妾暂且不说，苏曼殊的生身母亲就是他第四房的亲妹妹，而且没有婚娶就生下了苏曼殊，这个私生子的身份一直让苏曼殊在苏家没有地位、没有任何保障。苏曼殊与静子的恋情与这样有辱门风的"壮举"比起来，真可谓小巫见大巫了！但苏家就是不依不饶，写信对苏曼殊横加指责。苏曼殊对此置之不理，他不仅没有享受过苏家的荣耀，而且还备受冷眼和欺凌，甚至差点儿命丧黄泉，他藐视这样野蛮的家规！他丝毫不觉得自己不检点，也不觉得败坏了苏家的门风。他不会莫名其妙地背负那些毫无道理可言的苏家的指责，他对苏家彻底丧失了信心和指望。

然而，苏曼殊还是太天真了，他以为远离香山老家，他就是自由的、独立的。但棒打鸳鸯是无数封建家长的"法宝"。他的本家叔叔将矛头对准了本是农户的静子的父母，以此来对付苏曼殊的冥顽不灵和油盐不进。静子的父母畏惧苏家在日本的权势，他们只有对自己的女儿施加压力。他们劝静子与苏曼殊断绝关系。但静子很坚决，誓死不从，她的父母盛怒之下把静子当众痛打一顿。态度坚决的静子的心灵受到了重击，她虽忠贞不渝，但也是脆弱的，当众挨打的屈辱让她当夜就投海自尽！这个美丽多情的女孩儿，像一朵仲春的樱花，在最烂漫的时节飘落在了波涛汹涌的汪洋大海里，永不再来。

静子的结局，对苏曼殊也是毁灭性的打击，他没有向河合仙告别，没有向横滨的同学告别，就心灰意冷，万念俱灰地出了家。有诗为证：

十日樱花作意开，绕花岂惜日千回。

昨宵风雨偏相厄，谁向人天诉此哀！

忍见胡沙埋艳骨，空将清泪滴深杯。

多情漫作他年忆，一寸春心早已灰。

苏曼殊袒肩像

这首《樱花落》，道出了他对初恋情人那欲语还休、执着不舍的思量。

美丽的樱花，从开放到凋零只有短短十天时间。苏曼殊借樱花的短暂花期来暗喻初恋的瞬间华美，这之后，便是无休止的撕心裂肺。爱情，这个亘古永恒的主题，传唱不变，却历久弥新。她美好，她坚强；但她也柔弱，也有血泪，正如被暴风骤雨无情击打的柔弱的樱花，美丽而哀情。

苏曼殊不忍看着樱花的柔弱身躯被风沙掩埋，所以他强忍悲痛，但泪水却又止不住地往下流，滴入酒杯中，痛饮而下，一直苦到心底。故人已逝，樱花犹在。他睹物思人，那缕缕的思绪随着的飘落的樱花，埋入泥土，化作尘灰。只有经历过，才能真正体味其中的况味。

苏曼殊的《樱花落》写于1909年夏，距离静子投海整整十年。这是纪念，是忘却，是怀念，也是展望……

（二）情爱：柔肠寸断、任情使性

苏曼殊流连于青楼之中、歌伎之间，但他与青楼女子的交往，却是柏拉图式的，几乎是纯精神上的爱恋。

《雪蝶倩影图》 苏曼殊绘

柳亚子在《苏和尚杂谈》中写到过苏曼殊吃花酒的历史：

曼殊在上海吃花酒，大概有三个时代：第一个时代在国学保存会藏书楼，即一九〇七年；第二个时代在太平洋报社，即一九一二年；第三个时代在第一行台，即一九一三年。现在可以把我所知道的，约略地讲他一下。

一九〇七年吃花酒的历史，大概在包天笑所做的小说《海上蜃楼》第十二、十三回中曾经记载过。书中的祖书城，就是天笑自己，苏玄曼是曼殊，陈百忍是陈佩忍，杨万里是杨千里，诸季平是朱少屏，褚长真是诸真长，邓问秋是邓秋枚，黄元晦是黄晦闻。书中也提到花雪南，假名是花南雪，说她是巫来由人。但此时花南雪是陈百忍所叫的局，而苏玄曼所叫的却是缥缈楼和惜春。据曼殊丁未九月《与刘三书》："曼昨夕于佩公筵上，得一晤梨花馆。"又丁未十月《与刘三书》："比来愁居，朗生，千里，晦，枚，连日邀饮，坚辞不得。"佩公是陈佩忍，朗生是包天笑，千里是杨千里，晦即黄晦闻，枚即邓秋枚……

一九一二年……曼殊常叫花雪南，我常叫张娟娟，叶楚伧常叫杨兰春。曼殊对于她们的批评，曾说："花雪南得气之冬，张娟娟得气之秋。"此时的花雪南，年纪已大，而张娟娟颇静默，有名士风，所以曼殊有此题品。至于杨兰春，年纪

最小，只是一个小孩子罢了。张娟娟和杨兰春，曼殊也都叫过。《燕子龛随笔》上，曾提起张娟娟。关于这一个时代的历史，在姚鹓雏所做的小说《恨海孤舟记》中，颇有记载。书中的赵栖桐，是鹓雏自己，秦佛陀是曼殊，杨平若是我，花吴奴是叶楚伧，陈子佩是陈佩忍，刘伯申是刘申叔，郑髦公是陈英士，孙公是沈道非，程伯生是陈陶怡。刘申叔此时并不在上海，是书中硬拖进去的。书中的三马路雪葩，就是花雪南了。此外，叶楚伧做的小说《壬癸风花梦》，也曾讲起我们吃花酒的历史。书中的小师师就是张娟娟，李正声有一部分像我。关于曼殊和花雪南，书中曾否提起，我已记不清楚了。

一九一三年的事情，因为我不在上海，所以不大清楚。据于右任《独树斋笔记》讲："曼殊于歌台曲院，无所不至，视群妓之尤如桐花馆，好好，张娟娟等，每呼之侑酒。"张娟娟已见上节。桐花馆和好好，大概是曼殊一九一三年所叫的人了，此两人我也都见过。《恨海孤舟记》曾提起桐花馆，说是程伯生所叫。好好则我记得邓孟硕曾叫过，此外，曼殊癸丑十二月《与叶楚伧书》："见三少，五姑，乞为我口述一切。"甲寅二月《与刘三书》："海上花卿五姑辈，通个消息否？"据诸贞壮说，五姑就是花雪南，可见曼殊此时仍和雪南来往了。又，乙卯三月《与郑桐荪柳亚子书》："湘四，秦筝，阿崔诸人，何以不能安贫乐潜也？"乙卯四月《与邵元冲书》："阿崔，秦筝，丽娟，都不闻动定，何也？……劫灰先生风头甚健，晤时乞为我问湘老四，素贞，蔚云诸人近况。幸甚。……老赛尚在富春里否？"以上所讲湘四，当即湘老四。秦筝，阿崔，丽娟，素贞，蔚云，老赛，大概都是曼殊所认识的妓女。湘四，秦筝，阿崔，丽娟，我都不知道。素贞应作素珍，一名花云仙，绰号野鸡大王，与陈英士，姚鹓雏都有过关系，后嫁陈伯严之子陈彦通。《恨海孤舟记》前半部的女主角花云仙，就是素珍。第二回中的素芬，也在影射素珍，所讲素芬的历史，就是素珍的历史了。蔚云我只知道她又叫蔚云庐。老赛即赛金花，就是《孽海花》中主人傅彩云，曼殊在《焚剑记》内，也曾讲过她的身世的。

关于曼殊吃花酒的历史，在毕倚虹所做小说《人间地狱》内，也有零碎的记载，在第二集和第五集中。书中的柯连苏，是倚虹自己，苏玄曼是曼殊，赵栖梧是姚鹓雏，华稚凰是叶小凤，姚啸秋是包天笑了。（《恨海孤舟记》下半部也讲起天笑，假名是鲍倦云。）书中讲玄曼叫的妓女是秋波，后来又让渡给柯连苏。廿一回中讲玄曼的朋友乔剑冰做了北方侦探，要卖友邀赏，因此曼殊曾被通缉，和《独树斋笔记》所载相合，但乔剑冰不知是谁？五十一回有关于曼殊临终时的记载。

在马仲殊《曼殊大师轶事》内，有一段讲曼殊对待妓女的态度，我不很相信。我以为曼殊吃花酒，不会胡闹，不会敷衍，是有的；讲他在食时合十顶礼，那恐怕是不会有的事情了。

据有关资料统计，苏曼殊喜欢并交往的歌伎舞女，光有名有姓有住址的就达28人之多。苏曼殊的收入不高，而且经常向朋友借款，负债累累，人们在他留下的一份账本中发现，嗜书如命的苏曼殊花在买书上的钱只有500多元，而同一时期用在青楼舞馆的钱多达1877元，买书消费还不到喝花酒所消费的三分之一，可见他在这方面生活的奢侈。

苏曼殊爱慕女性，他对美女有着近乎痴狂的追求。苏曼殊擅长绘画，他曾经画过很多日本女人的各式各样的发髻。他还四处收集女人的照片、发饰等物，并常常拿来给朋友看。这样的行为，就算在今天也算是怪癖了，何况在那时的境况下。有一次，在从日本回国的游轮上，苏曼殊同陈独秀、邓以蛰等人说起自己的日本女友，陈、邓二人说不相信。苏曼殊便走回舱中，捧出一堆女

人的发饰给两人看，后又全抛入海中，转身痛哭。

作为一名遁入佛门的僧人，苏曼殊曾经效法唐代僧人玄奘，立志取经，徒步到印度寻求佛法。他费尽了千辛万苦，终于走到锡兰，可是在这里他遇到了一名叫佩珊的华裔女子，更因为对这个女子动情而放弃了他的取经行程。虽说这件事情说明他无志或者无长志，但从另一个侧面看，也说明他对女人的用情之深。

苏曼殊对女人用情多，无论专情或不专情，他对女子的感情都与常人不同。在上海时，他常去青楼叫局，不过，校书来了后，他却只是仔仔细细地欣赏，"瞪目凝视，默无一语"，赏看之后，便自顾自地睡觉去了。如果有校书向他倾吐自己的身世之苦，他便倾囊相助，虽千金不吝。就连临终前，他在日本住院，还给国内的好友刘三写信："芳草天涯，行人似梦，寒梅花下，新月如烟；未识海上刘三，肯为我善护群花否？"类似的话，他对另一好友柳亚子也曾说过。苏曼殊对歌伎们的牵肠挂肚已经显而易见。

但苏曼殊与这些女子发生的爱恋，都丝毫不敢越性爱的雷池半步。周围的人都希望看到苏曼殊得到美好姻缘，可苏曼殊总是让人失望。

他与艺伎百助的交往即是如此。那是在他东渡日本探望母亲的时候，苏曼殊的这一次日本之行，发生了一段情感的奇遇，也可以说是情劫，在他的心底留下了抹不去的痕迹。百助是一位日本弹筝女，她有着轻盈的体态、动人的姿色，她秀丽端雅、风情妖娆，苏曼殊的心弦被她优美纤细的手指拨响了。百助与苏曼殊有着同样的遭遇，他们互相爱慕，引为知音，进而同居一夜。可是这一夜，他们两人却什么也没有做。

究其原因，一则苏曼殊虽然处处留情、嗜美女如命，可他对男女之事好像一窍不通。据说，苏曼殊曾经问过章太炎这样的问题："子女从何而来？"章太炎回答说："此类问题，取市间男女卫生新论之书读之即得，何必问我？"苏曼殊却说："不然，中西书均言须有男女媾精，而事实上则有例外。吾乡有其夫三年不归而妻亦能生育者，岂非女人可单独生子，不需要男子之明证?"闻者无不捧腹大笑。

二则他对自己的身世有难言之恸。低卑的私生子出身，给苏曼殊带来了无尽的困扰，尤其是在精神上和思想上，给了苏曼殊不小的打击。他之所以遁世，是因为需要疗伤。他不想结婚，或者说在关键时刻拒绝女性，也说明他不想过受拘束、负责任的生活。

三则他虽不避美女，但毕竟已经出家。虽说以"出家"为原因拒绝婚姻，更像是一个托词，因为苏曼殊一生都在僧俗之间随意切换。他只是偶尔穿穿袈裟，在寺院生活，大多数时间过着俗世的生活：教书，写文章，吃肉喝酒，交往女人。南怀瑾先生甚至说他未曾出家，不能算僧人。但苏曼殊毕竟剃度过，进入过佛门，佛寺的清规戒律或多或少地会在他的心中留有印痕吧。

苏曼殊一直流连于烟花柳巷，邂逅过无数才貌双全的歌伎，也曾爱过，也曾弃过，也曾拥有，也曾失落。他不是一个平凡的看客，他能够读懂那些女子的心灵，所以他很有女人缘。他的自传体小说《断鸿零雁记》发表后，报馆简直成了展览馆，不少女读者慕名而来，希望见作者一面。苏曼殊生命中也曾遇到多个女子，明确表示要和他结婚。但这个多情种就是这样矛盾着，他亦僧亦俗，僧也不彻底，俗也不完全，他需要发泄时便发泄，需要收敛时则收敛。他在"情"字上纠结一生，临终遗笔写道"一切有情，都无挂碍"，也可以说是他一生的真实写照。

即便如此，苏曼殊对女性的评价似乎并不高。柳亚子先生曾在《苏和尚杂谈》一文中说：

> 曼殊在《碎簪记》中，大呼"天下女子，皆祸水也"，颇近叔本华的女性憎恶论，其实只是他做恋爱小说的反面文章而已。在《娑罗海滨遁迹记》内，却确确实实的说了女性许多坏话。这一部书很奇怪，不知道所谓南印度瞿沙者是真有

其人，抑只是曼殊的捣鬼？倘然属于后者，曼殊的侮辱女性，未免太过。

初恋的樱花已化作春泥，情爱的杜鹃还在啼血。苏曼殊的一世情缘就像是个美丽而忧伤的传说，玄幻多姿。只要生命不止，情恋就不会消失。一次次的邂逅，一次次的尘缘如梦，一次次的涟漪荡漾，一次次的负伤而逃……都是苏曼殊，都是传奇。他会用僧人的玄妙、诗客的深情，轻而易举地打动一个个期待爱、渴盼爱的寂寞女子，也会用僧人的无奈、看客的冷静，毫不费力地推开那些满腔热情的痴恋女人。他拒绝的理由是那么冠冕堂皇，甚至让人觉得他深情若许，有苦难言。就连拒绝，他也用情诗代替，那一句"恨不相逢未剃时"，让那些傻女人无言以对，也让世人原谅他的罪，并且为他感伤，为他落泪。苏曼殊反复地动情，反复地逃离，一次次地贪恋人间烟火，又一次次选择辜负，也许，漂泊、流浪才是他的皈依……

二、苏曼殊小说里的"情"与"爱"

在短暂的 35 年的生命里，苏曼殊创作了 6 篇小说，其中《天涯红泪记》属于未完之作。他的小说写作，主要集中在 1912 ~ 1917 年，那是辛亥革命后一个复杂而动乱的年代，也是他生命的最后几年。因此，苏曼殊的小说，无论内容还是形式，都会有他所处那个时代的特点及他个人的思想轨迹。既已剃发托钵，却又难弃尘世；既想摒除七情六欲，却又深陷爱情，这就是不僧不俗、亦僧亦俗的苏曼殊。不管苏曼殊如何表白自己"与人无爱亦无嗔"，他的小说篇篇都以爱情为主线，又全部是悲剧，那里面就必然或多或少地反映出他的爱情婚姻理想、观念，乃至由此产生的困惑、痛苦。

（一）苏曼殊的爱情婚姻理想

关于苏曼殊的爱情婚姻理想，从他的小说中能够比较清晰地看出端倪。可能是由于写作时间较集中，以及他的生活面比较狭窄，苏曼殊的小说人物形象显得有些相似，但仔细比较起来，还是有区别的。

　　根据人物所具有的共性，其小说中的女性形象大体可分为两类。一类是比较传统的女性。这类女子大都才德兼备，表面看来贞淑娴静，从不越雷池半步，却柔中蓄刚，既已许配所爱，便忠贞不渝，不顾一切，面对封建势力的阻挠，虽无力回天，却敢以死相抗。她们受传统思想的影响很深，宁折不弯。比如《断鸿零雁记》中的雪梅、《绛纱记》中的秋云、《焚剑记》中的阿兰、《碎簪记》中的杜灵芳，都是如此。第二类是比较新式的女性。这类女子大都思想解放、德才兼备、爱情专一。她们大多受过西式教育，懂得外语，有的甚至精通西方文化，如《绛纱记》中的五姑、《非梦记》中的凤娴。《碎簪记》中的莲佩更是如此，她"于英法文学，俱能道其精义，从苏格兰处士查理司习声韵之学，五年有半"，可见她所接受的西方教育是当时的一般女子所无法比拟的。因为受到的教育不同，这类女子的思想被大大地解放了，她们在恋爱上，相比第一类女性，更主动、更大胆。雪梅和五姑分别是这两类女性的典型代表。在《断鸿零雁记》中，雪梅向苏三郎示爱，就是明显的传统做派。她首先只是派她的丫鬟来与三郎见面，而且丫鬟要先向三郎声明："吾之所以唐突者，乃受吾家女公子命……吾女公子性情幽静无伦，未尝共生人言语。"初读觉得雪梅很做作，她想见情郎但又羞于露面、羞于表白心迹的欲盖弥彰在这句话里表露无遗；细品才觉得雪梅并不可笑，她是可爱的，她谨守着封建礼教，但又向往爱情的心情跃然纸上。五姑就不同了，在《绛纱记》中，五姑对待爱情就没有受那些条条框框的限制，她不但主动对昙鸾指天发誓，而且频频向昙鸾施以亲吻，举止相当大胆，一个思想开放的新女性形象非常丰满地得以展现。但不管哪一类女子，思想禁锢也好，行为西化也罢，她们都有一个共同点，就是都不是见异思迁、水性杨花之流，她们忠于爱情，

向往从一而终。

相比女主人公来说，苏曼殊笔下的男性稍微复杂一些，大概分为三类。第一类是"看破红尘"的出家者，比如《断鸿零雁记》中的苏三郎、《绛纱记》中的梦珠。第二类是行侠仗义、行走天涯的侠客，如《焚剑记》中的独孤粲。第三类是性格软弱的不敢违命者，如《碎簪记》中的庄湜、《非梦记》中的海琴等。

小说寄寓了苏曼殊的爱情婚姻理想，也写出了他的心声。他笔下的男青年虽性格迥异，经历各有不同，但他们也同那些女性角色一样，向往专一的爱情。在当时的大背景下，虽然受新文化运动的影响，很多青年人接受西式教育，思想解放，但长期以来根深蒂固的封建思想还难以一下根除，"父母之命，媒妁之言"还是压在他们心头移之不去的沉重砝码。尽管如此，新思想还是带给了他们希望的曙光，他们虽遵从父母之命，但并不盲从；他们虽然软弱，但向往并追求有爱的婚姻，对爱情负责、专一，甚至有着一种将爱情神圣化了的"从一而终"。遇到困难和阻挠，他们有自己的解决方式，他们会反抗，虽然有时反抗的方式是消极的，反抗的结果是无效的，但他们已经不是愚昧地一味盲从。像五姑与昙鸾、独孤粲与阿兰、庄湜与杜灵芳，都是如此。

《断鸿零雁记》是苏曼殊的自传式小说，其中的苏三郎就好像苏曼殊自己，他已皈依佛门，他心仪的女子雪梅同他早有婚约。苏三郎一直对雪梅念念不忘。另外，苏三郎对雪梅私自用自己的积蓄，资助他远渡重洋去寻找母亲的义举也不能忘怀。雪梅早就爱上了苏三郎，她喜欢苏三郎的"秉性坚孤之性"，两人的爱恋是有着厚实的基础的。但雪梅和三郎的爱情遇到了雪梅继母的阻挠，雪梅不甘心，她不想愚昧盲从，选择绝食而死，这是对封建礼教、门第观念的强烈反抗。在《绛纱记》中，五姑倾慕昙鸾的才学，她说："今日见阿兄，不胜欣幸，暇日愿有以教辍学之人。"昙鸾病重时，五姑不分白天黑夜地照顾他，殷勤而细致入微。昙鸾也觉得五姑为人敦厚，视恩义如山。可见，五姑与昙鸾二人是互相了解，有着爱情基础的。顺理成章继续下去固然好，但他们的爱恋还是起了波折。昙鸾舅父的糖厂倒闭，五姑的父亲悔婚。这个时候，昙鸾的选择是赴水欲死，五姑则是"悄出而含泪亲吾颊，复跪吾前，言曰'阿翁苦君矣'"，随即两人双双出逃。这是他们为忠于爱情、信守婚约做出的壮举。然而最后二人还是没有结成连理，五姑为昙鸾而死，昙鸾入留云寺剃发，故事以悲戚的结局收场。《焚剑记》中，独孤粲与阿兰也是在相互了解的基础上开始爱恋的。独孤粲早已深念阿兰的端丽修能、贞默达礼，且她又是自己早就敬仰的行侠仗义者刘文秀之妹。阿兰也曾说过"尝闻兄言，朋辈中有一奇士，姓独孤，名粲。妾故企仰清辉久矣，不图得亲侍公子之侧"。先是互相仰慕，继而是接触中的情投意合，这才有了以后的生死不渝。《碎簪记》中，庄湜在与杜灵芳恋爱之前就与杜灵芳的哥哥交好，他同杜灵芳的哥哥同是反对袁世凯并拒绝在拥袁称帝的"劝进文"上联名的正义之士，而且庄湜因此被捕入狱后，还是杜灵芳的哥哥设法将他救出的。由于灵芳早已心仪庄湜，其兄才向庄湜"微示其贤妹之情"。庄湜虽然没有见过杜灵芳，但因为倾慕她哥哥的才学气节，也喜欢这位与她哥哥一样名节俱备的女子，所以早已有意于心了。因此后来，当庄湜的叔婶撮合他与另外一位可爱的、"幼工刺绣，兼通经史"且又懂外文也不乏爱国之心的姑娘——莲佩时，庄湜已不能接受，因为他对杜灵芳已经钟爱在前了。这些正处妙龄的青年男女，应在相互了解、相互倾慕的基础上爱恋，他们应该对爱情诚挚、负责，并从一而终，这样忠贞不贰的情感正是苏曼殊所推崇的，也是他婚姻爱情理想的显现。

可是，理想毕竟是理想，苏曼殊也知道，理想的实现是要付出代价的。所以他的婚恋观都是以悲剧的形式来表现的，正如小说中男女青年们的悲剧结局一样。在苏曼殊的笔下，不管是囿于俗世的，还是看破红尘的，那些青年男女们没有一对是圆满结合的，要而言之，悲剧是苏曼殊小说的一贯结局。《断鸿零雁记》中

雪梅死了，三郎继续出家；《绛纱记》中梦珠坐化，秋云当了尼姑，而五姑死了、昙鸾做了和尚；《焚剑记》中阿兰在逃难途中暴毙，独孤粲不知所终；《碎簪记》中莲佩割喉自杀，杜灵芳自缢，庄湜病忧而死；《非梦记》中薇香投江，海琴削发。《天涯红泪记》虽然没有写完，但书名就凄惨连连，就其所完成的章节而言，结局已经明了，悲剧难以避免。

（二）苏曼殊的爱情婚姻理想产生的原因

苏曼殊的一生，不僧不俗，又亦僧亦俗，他精研佛理，又难割世情，各种矛盾集于一身。所以有人曾对苏曼殊的爱情婚姻观提出过批评：

> ……但他对于男女间的观念，却很是顽固，是主张妇人从一而终的。
>
> ——柳亚子

> 曼殊的婚姻观，实在是属于传统性的，他在这一方面，实在没有达到突破的境地。男女的平等，女人的再嫁，女人的财产权，女人的追求美（他主张女人在德不在容），他都是反对的。
>
> ——刘心皇

柳亚子和刘心皇两位先生的观点相似，他们的批评也不无道理。上文已经粗略分析了苏曼殊的几部小说，里面男女主人公的感情均以悲剧收场。如果单一地说"从一而终"，好像无可厚非。但苏曼殊的"从一而终"却是如果你死，我必不活；或者你死，我便出家绝尘而去。这种"从一而终"是提倡不得的，但苏曼殊在他的小说里始终固守着，所以受别人非议也就难免了。但细细品味，苏曼殊的爱情婚姻观里，恋爱要自由，但却都从一而终；爱恋从相亲相爱开始，但却都是凄凄惨惨的结局。这些观念矛盾重重，却都和谐地统一在苏曼殊身上和他的小说里，这是苏曼殊小说的特点，是苏曼殊爱情婚姻观念和理想的特征。但这样的爱情婚姻理想是怎样产生的呢？

一般来说，分析作家的作品，必须要结合作家所处的时代和背景。所以，要想明晰苏曼殊的爱情婚姻理想所产生的原因，需要结合他所处的时代和他个人的身世、经历来进行分析。

苏曼殊所生活的时代是19世纪末20世纪初，一个动乱不安的年代。帝国主义入侵，《马关条约》等不平等条约相继被迫签订；封建势力垂死挣扎，并伺机反扑；洋务运动、维新变法等各种名目的变法、革命层出不穷。特别是苏曼殊曾寄予无限希望的辛亥革命，虽然推翻了统治中国两千年的封建帝制，但中国仍然是一个半殖民地半封建社会的国家。民国的"招牌"挂上了，但自从袁世凯当了民国的大总统后，国家反而倒退了，中国几乎进入了最专制、最黑暗的统治时期。但是，思想文化是关不住的，封闭了许久的中国，还是吹进了一股股清爽之风。

20世纪初期，西方各种先进思想同时涌入国内，如民主自由、爱国反封建、文化变革、婚姻自由、恋爱自由等，中国一切落后的东西，包括封建婚姻观，开始经受最猛烈的冲击。许多人不但在理论上热情地接受着，而且已在行动上勇敢地实践着。

首先是资产阶级民主革命的思潮在华夏大地掀起狂潮。西方资产阶级的民主思想学说被大量引进，孙中山领导的资产阶级民主革命派广泛介绍西学，如章太炎书中所表现出的无神论思想，邹容号召人们起来推翻清朝君主专制制度的"革命之教育"，陈天华的"兴学堂，普尽教育"，等等。其次，西方资产阶级文学艺术作品大量被翻译成中文。莎士比亚、雨果、普希金、托尔斯泰等人的作品被陆续翻译出版，滋养着中国饥渴干涸的新文化土壤。其中林纾翻译的《茶花女》和《黑奴吁天录》（《汤姆叔叔的小屋》）影响最大，这两部作品既有反封建意识，又饱含爱国思想。革命派的知识分子也有意识地企图通过诗歌及其他通俗的文艺形式，宣传革命思想，革命文学团体"南社"应运而生。另外，国

内资产阶级改良派提出改良小说的主张，极力强调小说对改良政治社会的作用，并出现了一批作家作品。如李宝嘉的《官场现形记》、曾朴的《孽海花》等。这些先进的思想，对当时的热血青年，当然也包括苏曼殊，所产生的影响是相当大的。

妇女解放和妇女革命运动也是影响苏曼殊及其创作的重要因素。妇女解放是社会生活的一大主题，新文化运动中陈独秀创办了《新青年》，刘半农、周作人、胡适等一批资产阶级革命先驱者先后发表了倡导妇女解放、批判封建主义的一系列文章，对当时的妇女革命运动起到了相当大的推动作用。他们作为苏曼殊的好友，对苏曼殊的影响也是可想而知的。另外，各地女子学堂、女子军队、女子参政同志会、男女平权维持会等妇女革命组织的成立和活动，对当时女性的影响也是空前的。更早的还有康有为、梁启超创办的"妇女不缠足会"，梁启超倡导的"女学"等，也鼓励妇女从事革命，主张男女平权，并明确提出"一夫一妻制"，旗帜鲜明地对不合理的婚姻制度进行了批判。这些都在苏曼殊的小说里有了渗透。

在这样思想解放的宽松大背景下，"婚姻自由""自由恋爱"等各种先进思想不断涌入，打开并占据了很多先进青年的头脑，他们都充满希冀地行动起来了。可是，辛亥革命后袁世凯复辟帝制的倒行逆施与这种变革的要求产生了尖锐的矛盾。传统的爱情婚姻观念的根深蒂固，反动势力人为的倒行逆施，使得许多人对新的爱情婚姻观根本不能正确地理解和接受。再加上社会上很多动荡不安的因素，妇女的地位并没有得到实质性的提高，这就使得封建包办婚姻仍然大行其道，新的爱情婚姻观的生存、成长举步维艰。苏曼殊崇尚革命，他满怀激愤地在《民立报》上发表了著名的讨袁宣言。他反对一切遏制社会进步的势力和行为，所以，在他的婚姻爱情观念里，必然有着倡导自由自主的因素。

苏曼殊的交际圈子里，很多人都是革命行动的倡导者和践行者。章太炎、陈独秀是苏曼殊的良师益友，前者曾大胆地于报纸上公开征婚，后者则毅然脱离不美满的婚姻生活，另寻知己并自由结合。女革命家秋瑾是苏曼殊十分敬重的人，她冲破封建婚姻家庭的束缚，留学日本，组织抗清革命，直至最后献出年轻的生命。另外，在日本的留学是苏曼殊接触了解西方先进思想的一个重要窗口，他15岁远渡重洋，同聚集在那里的中国民主革命志士们同吃同住同学习，汲取了各种先进的思想，他还参加了"拒俄义勇队""军国民教育会"等进步的学生组织。他一直与同盟会的许多成员有着密切的联系，所以写下大量反帝反封建的文章也是自然而然的了。虽然他的爱情婚姻观还不那么彻底（曾提出"男不再娶""女不易嫁"），还没有达到同代人如章太炎、陈独秀等的那种高度，但他倡导婚姻革命，主张恋爱自由，从一而终，在当时也是进步的。

苏曼殊精通日文、英文、梵文，不但阅读过大量进步的外国文学作品，还饱含感情地翻译过《悲惨世界》《婆罗海滨遁迹记》等反对阶级压迫、异族入侵的小说和拜伦、雪莱等人充满爱国激情、反映民族斗争的诗歌。他尤其喜爱拜伦那激昂慷慨的作品、勇敢叛逆的性格，甚至以"中国的拜伦"自诩。苏曼殊在小说里不止一次表露出他对西方进步思想文化的赞赏。《绛纱记》中的玉鸾，《碎簪记》中的灵芳、莲佩，之所以在他的笔下是可爱的，在很大程度上就是因为她们兼通中西文，受过西方进步思想文化的影响。

当然，他爱情婚姻观念的不彻底性，还根源于他的出身和不平凡的生活经历。

在本书第一章中，已经详细叙述过苏曼殊的离奇身世。苏曼殊的父亲苏杰生是中国人，养母是日本人河合仙，而他的生身母亲是河合仙的亲妹妹河合若子。也就是说，苏曼殊是苏杰生与河合若子的私生子。因为是私生子，母亲又不在身边，苏曼殊很不受喜爱，在家里的待遇也是每况愈下。他几乎是在无父无母的情况下，受尽了肉体和精神上的欺凌折磨，甚至差点儿一命呜呼。

苏曼殊同父异母的妹妹苏惠珊曾这样说：

> 闻他13岁在乡居，偶患疾病……但有婶婶辈预定其病不能活，将其置之柴房以待毙……并说一家数十人，最爱他者，是我的祖母也……婶婶及附居之亲戚等或有轻视他，由此淡观一切，矢志永不回乡。
>
> ……而有些藐视异国人所生之子女，以致纯洁无邪的小孩子当作陌路人……

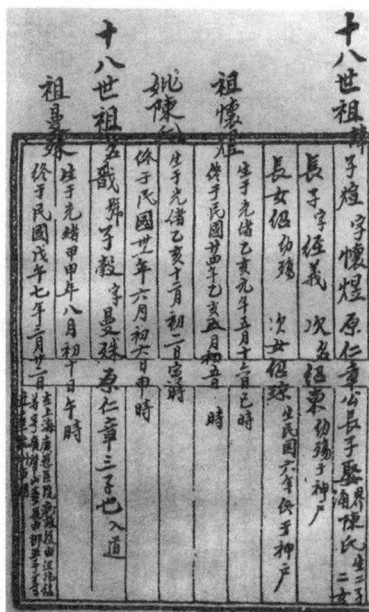

沥溪苏氏族谱书影

苏曼殊遭受的苦难哪是一个小孩子所能承受得了的呢？私生子身份，是他的伤心之事，也是他受虐待的真正原因。不然为什么苏家没有像对待苏曼殊一样对待他同父异母的兄长，河合仙的儿子苏煦亭呢？苏曼殊的"遭世有难言之恫""落叶哀蝉之感""平生伤心事"的根就在这里。如果他的"根正"，他就无须隐忍那些难以言说的伤心岁月，也无须过着受本家人歧视的飘零生活了。或许，他的那些恐惧、隐痛，也就烟消云散，半僧半俗的无奈也就不复存在了。当然，我们今天所研究、所描述的苏曼殊也就将查无此人了。

更有甚者，作为父亲的苏杰生，本已娶了一妻三妾，却还与其他女子私通，苏杰生对待爱情、对待爱人，一点儿都谈不上专一。苏曼殊的养母河合仙，最疼爱苏曼殊，也是跟他感情最好、最亲密的长辈，但是她也只是苏杰生的小妾，而且在苏家地位卑微，她难以忍受苏家的冷眼，丢下苏曼殊回了日本，在1908年又改嫁了。这对于河合仙来说是正当的要求，可对于本来就缺乏母爱，一直将她视为感情寄托的苏曼殊来说，无疑是个晴天霹雳。这使得苏曼殊在感情上又遭受了一次重大打击。还有，苏家本就有很多不堪，但他和静子的恋情却受到无端的阻挠而致使静子命丧黄泉，苏曼殊那本来就孤寂的心里，不能不说又增添了更多的凄凉。所以，他最终选择了离开。离开他那无情无义的父亲，离开那歧视、侮辱他的宗族，他恨代表封建势力的"父母之命"，恨为了财货、礼教拆散儿女婚姻，把儿女逼上绝路的可恶行径，恨那形成"男女不平等""大男子主义"等不合理婚姻制度的黑暗社会……小说《断鸿零雁记》中三郎给静子留的信中有这么几句话："余……遭世有难言之恫，又胡忍以飘摇危苦之躯，扰吾姊此生哀乐耶？"《绛纱记》中，罗霏玉在评论梦珠躲避秋云之举时，有这么几句话："梦珠性非孤介，意必有隐情在心……"是的，由私生子的身份而产生的自卑感、原罪感，及由此又派生出的对性的不洁感、罪恶感与恐惧感，使苏曼殊没有勇气去追求与承受真正的爱情，没有勇气对哪一位真正爱他和被他所爱的女性负起责任来，没有勇气过正常人娶妻生子的生活。

离奇的身世与特殊的生活经历，使得他有着矛盾的心理和行为。他崇尚男女平权、婚姻自主，也想接受这种新的爱情婚姻观念，但当思想解放的狂潮击打传统而死寂的中国大地时，他又有着与常人不一样的犹豫和纠结。难以摆脱的身世阴影使得他顾虑重重，他想顺应时代的潮流，又无法忍受全盘西化。这样的矛盾和苦涩，就反映在了他的爱情婚姻观里——进步，但不彻底。

也正是因为遭受的苦难太多，所以苏曼殊外表看似冷漠，实则内心狂热，他渴望得到人间的至情至爱。他多次不辞辛劳东渡日本去探望一直深爱着他的养母河合仙，直到临终犹不能释怀；他忠于挚友，强支病体把呕心沥血的绘画作品焚烧在为革命牺牲的朋友墓前；他同情并资助那些与他一样身世不幸而不得不以卖笑为生的妓女；他的作品里渴望爱情，期盼男女主人公都能够真

诚平等地相爱，并崇尚至死不渝的从一而终……

受时代潮流的影响，苏曼殊小说中的青年男女主人公，有着鲜明的时代特点。他们代表着一种新生力量，更确切地讲，他们其实就是新的爱情婚姻观念的具体化身。他们的性格或泼辣或软弱，行动或大胆或谨慎，但都是执着的追求婚姻自主者。特别是对于女性，苏曼殊早就对她们抱以深切的同情，尤其是那些有文化的青年女性，有的已被他提到了相当的高度。如《断鸿零雁记》中的静子、《碎簪记》中的莲佩，她们的才学、认识甚至远远超过了男性，以致苏三郎与庄湜不得不由衷地叹服其可为己师。她们有着传统女子无可比拟的强烈的爱国心、鲜明的是非观。静子不仅尊崇宋代爱国诗人陆放翁，而且对明末时期"以亡国遗民，耻食二朝之粟"的朱舜水、誓死抗清的郑成功有着深深的敬佩之情。莲佩精通外文却不崇洋媚外，不追求奢华，她痛恨那些轻视、侮辱中华民族的态度和举动，对西方追逐名利的虚假文明嗤之以鼻。其他女性如秋云、五姑、玉鸾等，都是知识女性，她们都是美好可爱的化身，让人过目难忘。他笔下的男主人公，没有一个大男子主义者，男女双方互尊互爱，他们在人格上是平等的。他们中也没有一夫多妻者，没有负心人。这其实也印证了苏曼殊心中的那份期许——只要男女情投意合、相亲相爱，就要男死女不嫁、女逝男不娶地"从一而终"。即便是《断鸿零雁记》中苏三郎的离走，也只是因为三郎谨记"佛子离佛数千里，当念佛戒""空门中人，未应蓄内"的佛门规戒。同样，《绛纱记》中的梦珠也是个早有离俗之志者，为不拖累秋云并断绝她的痴想才毅然出家。他们的出走是因为既已出家，更是因为"学了生死大事，安能复恋恋"，并非移情别恋。这样的"从一而终"，难道不是对那不负责任的父亲、不合理的婚姻制度、万恶的封建社会的一种无声的控诉、批判、反抗吗？

要而言之，苏曼殊的爱情婚姻理想的形成，既有复杂深刻的社会原因，也有着与他的身世、经历息息相关的个人因素，它是两者所引发的诸多矛盾在内心激烈的冲突碰撞后的重组。它既新又旧，既洋又土，既开化又保守，既先进又传统，是一种渗透着中西方思想和观念的折中。

三、苏曼殊小说中的哀情

苏曼殊创作的小说共有 6 部：《断鸿零雁记》《天涯红泪记》《绛纱记》《焚剑记》《碎簪记》《非梦记》。其中《天涯红泪记》没有写完，无法探究它的全貌，其他 5 部全部是哀情小说。所谓"哀情"就是小说中所蕴含的"情"寄托了无数的哀思和悲凉。

（一）向往母爱，小说中充斥着恋母情结

母爱是世界上最无私、最伟大、最崇高的爱，又是世界上最琐碎、最平凡、最柔软的爱。每一个有母亲疼爱的孩子，母爱都凝聚在了生活的点点滴滴里。可是，对一个生下来就离开亲生母亲，后来又被迫与疼爱他的养母分离的孩子来说，母爱，是他一生追求的奢侈品。苏曼殊就是如此，他向往母爱。

一般来说，一个作家的某种际遇，往往影响着他一生的生活和创作。苏曼殊自幼被剥夺了母爱，又因私生子和混血儿的身份备受苏氏家族的虐待和世人的白眼。失落、迷茫、被伤害的感觉一直伴随了他一生。但正是这样的感情，摧残了他精神的同时，也成就了他，形成了他独特的文学艺术风格。所以，他的诗歌和小说作品里，几乎都不自觉地表现出了这样一种渴望母爱的情感，那浓得化不开的伤感情绪，令人心醉，也令人心碎。"落叶哀蝉"般的身世，和具有浓郁悲剧意味和浪漫色彩的个性，融会交织，形成了他独特的审美个性和艺术思维方式。

《断鸿零雁记》是苏曼殊所作的第一部小说。故事的主体是三郎和静子、雪梅的爱情悲剧，但作品对三郎母子亲情的描写达到了喧宾夺主的地步。首先，作为爱情小说，《断鸿零雁记》的"发凡"，没有写爱情，却极写三郎对自己身世的困惑和对母亲的刻骨思念："人皆谓我无母，我岂真无母耶？否，否。余自养父见背，

虽茕茕一身，然常于风动树梢，零雨连绵，百静之中，隐约微闻慈母唤我之声。顾声从何来，余心且不自明。恒结凝想耳。"这就起到了先声夺人的作用。其次，整部小说的情节，也是以三郎东渡日本寻母为主线渐次展开的。而且，三郎寻到母亲后的欣喜之情又写得极为感人。其中写母子相见的场面，尤为扣人心弦。而小说中对三郎与静子、三郎与雪梅的爱情描写，均未达到这样的境界。三郎虽然觉得静子是个"慧秀孤标"的"好女子"，但并未对她产生刻骨铭心、难分难解的爱情，而是时时以自己"三戒具足之僧"的身份抗拒她的爱。当他的母亲表示希望他娶静子为妻时，他第一反应不是思考自己是否要娶静子，而是生怕自己的回答伤慈母之心。显然，他"终身不娶"的决心并没有因静子而动摇过。此后，他对亲事时而应允，时而推托，也全是因为怕母亲过于伤心，却一点也不考虑这种出尔反尔的行为，对当事人静子会造成怎样的伤害。小说中对雪梅的描写则特别简略，书中并没有让她正式出场，没有写她的身世，也没有写她和三郎感情上的交流，读者所能读到的，只是一个由包办婚姻造成的悲剧故事的梗概。她在书中所起的最实际的作用，是资助三郎去日本寻母。总之，《断鸿零雁记》与其说是一部爱情小说，还不如说是三郎千里寻母记，其中所描述的母子亲情压倒了爱情，所以，也可以说，小说中的恋母情结表现得非常鲜明。在苏曼殊看来，母爱是天下最真挚、最圣洁、最温馨的爱，儿女之情无法与之相比。

苏曼殊的小说，即便是没有直接描写母爱的，字里行间也都凝聚着浓郁的恋母情结。小说中男女主角的亲生父母，对子女都慈爱有加，包办婚姻绝对与他们无关。男女青年们之所以遭受不幸，是因为后来失去了亲生父母的庇护。这里面有被麦翁收养的五姑，有受奸人陷害、"无父母之庇"的秋云，有"少失覆荫""为宗亲所侮"的独孤粲，有身世犹如"落叶哀蝉"的梦珠，还有双方都相继失去了父母的燕生与薇香……总之，小说中的悲剧人物，没有一个是父母双全，享受着母爱和家庭温暖的人。显然，在苏曼殊的心目中，天下所有的不幸，无不和失去母爱这最大的不幸扭结在一起。有时候，连小说中描述爱情的用语也和母爱有关，如《绛纱记》写五姑和昙鸾失散后，她思念昙鸾"如婴儿念其母"。以母爱比附爱情，不是那么恰当，但这却是苏曼殊小说的一个鲜明特点，有哪位小说家能把母爱写得像苏曼殊的小说里那样真切感人？

（二）向往爱情，却只能无奈地逃避

苏曼殊的言情小说，鲜明深刻地反映了他内心深处对爱情的向往与渴望。首先表现为他对女性的欣赏与评判。他的小说中有"清超拔俗""袅娜无伦"的静子，有"静柔简淡，不同凡艳"的雪梅，有"丰韵娟逸""仪态万方"的五姑，还有阿兰、灵芳、莲佩等，这些女性无一例外都仪表清秀、气质典雅，她们的服饰和着装也大都是"淡装雅服"。苏曼殊欣赏她们的美的同时，也有着他自己的评判，如"妹喜冠男子之冠，桀亡天下；何宴服妇人之服，亦亡其家。此虽西俗，甚不宜也"。这是他对五姑身穿男装的审视，当时五姑在新加坡，穿男装很让苏曼殊看不惯。

其次表现为对他心目中理想女子的刻画。如静子姑娘，苏曼殊对她的描写是能诗会画，博学多识，而且喜谈佛理，好涉猎梵章；薇香是老画师之女，擅长丹青；灵芳长期游学于罗马；莲佩精通英法文学，她们的这些爱好和特长也都是苏曼殊拥有的。这些女子与他们的情侣不仅情投意合，而且还是彼此的良师益友。苏曼殊认同这些女子的才华，讴歌她们的美丽，尊重她们的爱情。这是与以往很多小说刻画女性不同的地方。以往的小说，大多局限在才子佳人小说的窠臼里，没有脱离把女性视作供男人把玩、占有的"天生尤物"的歧视态度。苏曼殊没有落入俗套，他对心目中的理想女子有着自己的思考，虔诚而真挚。

再次，也是最突出的表现为作者对爱情的期待。苏曼殊向往"从一而终"的爱情，期待爱情的出现。苏曼殊多情，他笔下的女子也多情。这些端庄美丽的女子，对她们的意中人都一往情深，

而小说中的男子大都是以苏曼殊自己为原型的。静子、五姑、秋云、阿兰与她们的意中人一见钟情，她们对爱情忠贞不渝；雪梅、薇香是尊奉长辈之命缔结过婚约或准备要缔结婚约的，她们都"从一而终"。受过文明教育和西方文化影响的新女性也一样，如《碎簪记》中的灵芳和莲佩，按说她们应该思想开放，不会受封建思想的影响，可是她们在爱情上并不像想象的那么通达。灵芳与庄湜从未见过面，可是她对庄湜不仅爱了，而且爱得至死不变；而莲佩明知庄湜不爱她，却自杀殉情。她们这样对待爱情是非常不可思议的。唯一可以解释的，就是苏曼殊自己以多情之心塑造了若干多情忠贞的女子形象和情义两全的情节，他希望得到这些女子的爱，渴望爱情的滋养。另外，苏曼殊体弱多病，很多时间都是独处，没人照顾。所以他渴望得到关怀和抚慰，来慰藉他饥渴的心灵。比如小说中有很多这样的情节设置：男主人公生病了，女主人公在病床前侍奉照顾。静子和三郎、五姑和昙鸾，灵芳、莲佩和庄湜，凤娴和燕生，都有过类似的特写镜头。大概苏曼殊在穷困潦倒、孤独寂寞且又生病卧床时，常常盼望得到女性的抚慰和关怀，这种在小说中时不时描写的画面，就是他不自觉流露出的心理期待。而这样的情节恰恰是苏曼殊刻画爱情甜蜜、爱恋缠绵的独特写法。另外，他在《焚剑记》中曾写道"女子之行，唯贞与节"，反对"舍华夏贞专之德，而行夷女猜薄之习"。他在《绛纱记》中还曾说过："吾国今日女子殆无贞操，犹之吾国殆无国体之可言。此亦由黄鱼学堂之害。女必贞，而后自由。"从字面上来看，苏曼殊对女子"贞专"的要求，与当时所提倡的解放、自由格格不入，但结合他的身世仔细思考，苏曼殊推崇"从一而终"，并不是主张取消女性的独立人格，也不是让她们死心踏地地为男子服务，成为男子的附庸。苏曼殊笔下的这些有才学、有情义的女子，都是他心目中的理想女性，也正是他渴望爱、向往爱的表现。

还有一种表现就是苏曼殊对女性温馨爱抚的拒绝。苏曼殊短暂的一生，同许多女性有过交往，有的甚至来往频繁、感情很深。他喜欢女人，喜欢吃花酒，这在他的朋辈中是众所周知的，而他不管如何爱一个女子，也只是流连于钗光裙影中，整夜整夜地喝酒，随意地嬉戏，而从不做非分之举。她们中间也不乏对他情深意笃者，他的心中也并非没有几个被他深念者。有的女性即便已同他远隔万里，他也常常打听着、关心着，可见他有多么多情。可是，当真的有女子对他动了情，有意以身相许时，他却出人意料地与她们断绝来往，或远走他乡，不管怎样，他终究会选择离去，从不与任何一个女性有染，尽管这种疏远与别离对于他是痛苦的。苏曼殊的小说中也表现了这一特点。《断鸿零雁记》中的苏三郎在与他的姨表姐静子初见时便深深地爱上了她，"时余旁立谛之，果清超拔俗也""又心仪彼姝学邃，如藐姑仙子"，并且十分喜欢同她一起谈诗论画，叙说人生，须臾也不愿与她相离。可当他的姨母与母亲要让他们成婚时，他却一反常态，躲躲闪闪地不肯从命，甚至不惜离弃他思念了十几年、好不容易千里迢迢寻觅到的母亲，毅然登上了归国的轮船，并忍痛把静子所赠之物一应抛掷于海。《绛纱记》中被人称为行事最像苏曼殊的梦珠，与同邑醇儒谢霭本关系密切，可当谢霭要将第三女秋云许配给他时，梦珠竟莫名其妙地"径诣慧龙寺披剃"。但当见到经笥中秋云送给他的绛纱，他又"颇涉冥想，遍访秋云不得，遂抱羸疾"。直至坐化后，那绛纱犹珍藏在他衣襟中。《焚剑记》中的"翁"临终前将阿兰托付给独孤粲，独孤粲理应同阿兰完婚，何况之前他们在接触中早已相亲相爱，可他却支支吾吾地托词远去。生活中的苏曼殊与追求他的女性也好，小说中的苏三郎与静子、梦珠与秋云、独孤粲与阿兰也罢，这些男子躲避女子的目的是一样的，那就是不要和这些女子发生实质性的关系。

可见，苏曼殊作为一名男性，有喜欢女性、追求女性、愿与女性共处的正常的生理本能，但作为"三戒具足"之僧，他不可能，也没有想过要娶妻子，这并不等于他对女子毫不动情。他僧

人的身份和不够健全的思维，使他对女性产生了一种独特的爱情，这在他的小说中也表现得非常鲜明。从小就被扭曲、畸形发展的心灵，对性的不洁感、罪恶感和恐惧感，无情地制约着他，使他无法逾越男女之间那道最后的防线。

上面已经提到苏曼殊对爱的向往和渴求，正因为向往渴求，所以才去追求。正常情况下，追求到了，自然是接受，是享受。可是，苏曼殊不这样。据马仲殊《曼殊大师轶事》记载："曼殊得钱，必邀人作青楼之游，为琼花之宴。至则对其所招之妓，瞪目凝视，曾无一言。食时，则又合十顶礼，毫不顾其座后尚有十七八妙龄女，人多为其不欢而散。越数日，复得钱，又问人以前之雏妓之名，意盖有恋绪。人为引之其处，而曼殊仍如前此之态，终于不言而回。亚子谓其'姹女盈前，弗一破其禅定'。"

另外，苏曼殊的小说里所表现的爱情，总让人觉得浮于表面，没能够表现出男女之间那种逼真的感觉和状态。这也正像他自己，一见钟情者居多，但真正的爱恋极少。如《碎簪记》中，庄湜的叔叔甚至不敢让侄儿轻易见女人："以子天真诚笃，一经女子眼光所摄，万无获免。"好像男女只要一见面，就能够产生爱情。这种表述和想法有些幼稚和可笑。他表达男女感情契合的手法也千篇一律，没能脱离生病照顾的窠臼，没有刻画揭示出男女双方感情的交流和精神的契合，最后，又总是以死或出家来证实爱情的坚贞。如《碎簪记》中说："盖男女慕恋，憔悴哀痛而外无可言。"《非梦记》里燕生爱情受挫时，写道："心绪凄凉，甚于亡国。"这样的比喻，有些不伦不类。而书中一些男主人公的话语，如"固爱静子，无异骨肉，且深敬其为人"，"吾心爱灵芳，正如爱吾叔也"，对莲佩"吾亦爱之如吾婶也"。这样的感情表达，或者说不恰切的表述，也正说明了苏曼殊从来没有真正体验过正常男女之间那种自然的爱欲和欢畅。

（三）美好的爱恋，悲剧的结局

苏曼殊小说的结局都是悲剧。其中《断鸿零雁记》与徐枕亚的《玉梨魂》并称为民国初年言情小说的开山之作，文情悱恻，令人唏嘘不已。用陈子展的话说，苏曼殊的小说可谓"凄悲入骨，几乎使人读不下去"。他给自己作品中人物最后的安排，除去让他们死去，便是出家当和尚或尼姑，或他们本身就是"超凡脱俗"的"看破红尘"者，如《断鸿零雁记》中的苏三郎、《绛纱记》中的梦珠。虽然苏曼殊也曾试图为他笔下的人物安排一个别的途径，如《焚剑记》中的阿兰曾多次逃婚，《绛纱记》中的五姑同昙鸾双双出走，但两位女子却都客死他乡。可见，在妇女没有政治、经济地位的当时，出走也同样走不通。

这些悲剧都是爱情悲剧。如《断鸿零雁记》中的三郎，完全可以像母亲所期望的那样，娶静子然后在日本定居。他们本来是可以幸福地结合在一起的，可是苏曼殊还是让他们凄凄惨惨地分手了，可以说，这样的结局，完全是苏曼殊内心既定的。另外还有《焚剑记》中的独孤粲与阿兰，他们不仅相爱，而且阿兰的祖父在临终前也亲口许诺了亲事，这里也不存在封建礼教和其他什么阻碍的问题；而独孤粲本人就是"大俗人"一个，既非僧也非道，所以他们之间不存在宗教教规等的禁锢，他有充分的理由和条件迎娶阿兰。可是，苏曼殊仍然安排了这样的情节：独孤粲和阿兰在战乱中一起逃难，在阿兰最需要他的时候，他却莫名其妙地离开了她。直到阿兰死后，他才又出现了。这样的安排，不能不说是作者的故意。当然，后文他对此有所交代，含糊其辞地说独孤粲这样做是要为友人复仇。但是前文中不仅从未出现过那个友人，更从未提及过友人的仇怨。试想，一个羸弱多病、连走路都需要女孩儿搀扶的书生，怎么去复仇，怎么去行侠仗义？这样的结局，让人匪夷所思。显然是作者人为地制造了这场爱情悲剧，是他刻意地不想让有情人终成眷属，当然，他也无法描写他无从体验过的婚姻生活。所以，悲剧的结局是苏曼殊本能地规避爱情的合理归宿。诚然，形成苏曼殊小说爱情悲剧的原因，有的是继母或姆母的包办，有的是战乱，有的是佛教教规，然而，如果读

者细心体察，就不难发现，最终决定爱情结局的，实际上还是作者的悲剧性格，是作者深层心理图像的显影，是他潜意识里的提炼和加工。

陈独秀曾经评论过苏曼殊的《绛纱记》，他说"庄周梦蝴蝶，蝴蝶化庄周"，就是说苏曼殊与作品中两位男主人公的性格、经历极相似。柳亚子在《苏曼殊〈绛纱记〉之考证》中则进一步引申道："我以为书中的昙鸾与梦珠，都是曼殊一个人的化身。"这可谓一语中的。或者说，苏曼殊的小说里，或多或少都有他自己的影子。他5篇小说中的主角，都是性格忧郁、富有才华的男青年，这些人和他自己的身世、性情都很相似。《断鸿零雁记》中的河合三郎，名字、身世都与苏曼殊相合，只是从了母姓。《碎簪记》中庄湜的多愁善感、抑郁软弱，很像苏曼殊；就连他生病时的"手心热度颇高"，也与苏曼殊贪吃引起的胃病症状相合。此外，《焚剑记》中独孤粲的狷介、孤僻，《非梦记》中燕海琴的出家，都含有作者的影子。他隐藏在小说里，借主人公之口、之行为，来表达自己对社会、人生、爱情婚姻的独特的理解、感受和体验，也是在诉说困扰他一生的身世和爱情的矛盾、烦恼与痛苦，同时又抒发着对爱情婚姻的理想和希望。苏曼殊本身就是个悲剧，所以他不可能从他自己里跳出来，而只能依托自己凄惨的身世经历来叙写那被扭曲的心灵。也正因为这样，苏曼殊难以违背自己的意愿，难以写出大团圆的结局，难以写出自由自在的爱恋状态。要之，小说的悲剧结局是必然的。

四、情与佛的纠结

苏曼殊短暂的一生，三进佛门，游走于僧俗之间，在尘世与佛门中频繁切换。这样的行为，好似艺术，但又真实地存在着。其中的滋味，其中的缘由，也只有特立独行，缠绵在情与佛的纠结里的苏曼殊才能体味。

佛门讲究"六根清净"，所谓"六根"，指的是眼、耳、鼻、

苏曼殊在雷峰海云寺受戒后的护戒牒

舌、身、意；"清净"就是远离烦恼、无任何欲念，这是一种境界。剃度为僧，就要有看破红尘、远离尘世喧嚣的意志力。而对于芸芸众生来说，生活就是多姿多彩、五味杂陈的，酸甜苦辣咸各种滋味交织混合，才能描绘出丰富充实的人生。苏曼殊时而俗，时而僧，时而亦俗亦僧，他不能明晰地、一分为二地生活，所以，他在俗与僧之间徘徊转换，演绎着情与佛的和谐与冲突。

他纠结，因为俗世的烦恼芜杂无法排解。现实生活中的苏曼殊身世离奇，经历坎坷。他曾经在自传性的《潮音·跋》中承认自己的日本血统，并在《断鸿零雁记》中给予了更加详尽的描绘。这种自传性的文字，从侧面印证了他在现实生活中的无所依从，以及缺乏家庭关爱的生活状态。因为他自身一直缺乏爱的温暖，所以他的文字里不断出现对母亲的寻找，对爱情的缠绵，这无疑是一种心理的补偿。柳亚子在《苏玄瑛新传》中记载：苏曼殊"年十二，遂为沙门。始从慧龙寺主持赞初大师披剃于广州长寿寺，法名博经，号曰曼殊。旋入博罗，坐关三月。诣雷峰法云寺，具足三坛大戒。嗣受曹洞衣钵。任知藏于南楼古刹"。苏曼殊短短一生，三进佛门，其中因缘际会，大概可以用其自谓"方外之人，有难言之恫"一言以概之。他那僧人的身份和诗人的气质，矛盾地集于一身，纠结着，冲突着。他皈依佛门是要化解自身的苦难，但在另一个

方面他又对爱有着渴求，所以只能让情与佛交战的冰炭在他的胸中折磨他一生。

他多情，却偏偏要断绝尘缘。说他多情，是因为他喜欢女性，甚至用超出常人的方式和手法去追求女性；他处处留情，流连于妓院青楼，甚至常常因吃花酒而生活窘迫。说他多情，还因为他的小说全都以爱情婚姻为题材，他的诗歌中几乎有一半是情诗；他塑造了许多美好的女性形象，他笔下的少女，全都娇艳绝世，而又多情过人。他的红颜知己有"尽日伤心不见人"的金凤，有"无量春愁无量恨"的百助，有"捣莲煮麝春情断"的花雪南，有"殷殷以劝归计"的雪鸿……他是一个僧人，佛门弟子应该"忏尽情禅空色相"，可他行为竟如此浪荡，文笔竟如此艳丽，着实有点惊世骇俗，有悖佛法"四大皆空"的意旨。

一个多情的人偏要断绝尘缘，持守佛理。苏曼殊表面是"行云流水一孤僧"，而实际上心灵深处十分孤苦，常常"无端狂笑无端哭"。可能很多人会问，苏曼殊如此多情，又何必削发为僧？是啊，这样的两个极端，这样的情感反差，这样谜一般的情与佛的冲突与纠结，贯穿了苏曼殊一生，这样的感情起伏，也许只有特立独行的苏曼殊才能承受住吧。

也可以说，这是苏曼殊独有的精神特质。他的小说中，主人公也徘徊在僧俗之间，且他们的爱情无一例外地以悲剧告终，可谓"袈裟点点疑樱瓣，半是脂痕半泪痕"。这样的小说结构和模式，甚至对结局的处理，都显示了苏曼殊的精神特质，显示了他意识里的那剪不断、理还乱的情与佛的矛盾纠缠。苏曼殊的小说中，主人公的情感发展可以分为三个阶段：第一，有情阶段，两情相悦；第二，无情打击，缠绵悱恻；第三，得到解脱，自杀或遁入空门。以有情开始，以遁入佛法空门作为解脱的办法，表面上看情感问题是得到了解决，可实质上呢？这只是苏曼殊的一厢情愿罢了。如《断鸿零雁记》中，"余"在访得雪梅自杀之后，"自觉此心竟如木石，决归省吾师静室"；《非梦记》中，燕生也以

"不谈往事"而终。他们的解脱是表面上的，是建立在对世间情感的幻灭的基础上的。可是，人非草木，孰能无情，哪能说走进佛门就立即万念俱灰，就立即获得了心灵的澄澈与自由？他所谓的解脱，可以说是一种"无可奈何花落去"，是一种对无法抗争的命运的暂时逃避。

在《燕子龛随笔》中，他这样记道："辞师东行。五载，师傅圆寂。师兄亦不省行脚何方。剩余东飘西荡，忽忽八年余矣。偶与燕君言之，不觉泪下。"这样看来，佛国世界与人世情缘，他同样留恋。

他剃度为僧，皈依佛门，但却始终无法忘却尘缘，斩断情根。相反，他是一个性情中人，对尘世有着天生的无法逃脱的感情。《绛纱记》中，"五姑临终，且有他生之约，梦珠放了彻生死大事，宜脱然无所顾忌矣，然半角绛纱，犹见于灰烬。死也爱也，果孰为究竟也耶？"梦珠虽已出家，仍珍藏着恋人秋云所赠定情物绛纱，后来他在寺中坐化时，仍见襟间露绛纱半角，当秋云流泪亲其面时，梦珠肉身忽化为灰。《碎簪记》中，庄湜、灵芳、莲佩三人先后自缢了结情缘，却留下一个"或一日有相见之期"的尾巴。《非梦记》中燕生入了空门，虽是已"不谈往事"，但恐怕也是如梦珠的半角绛纱一样，前尘往事犹见于灰烬。《断鸿零雁记》写三郎和雪梅的悲剧，透露的却是空门之人陷入红尘中的挣扎之苦。可见，梦珠他们并没有因为遁入空门而真的做到六根清净。魏秉恩说其是"以出世佛子叙入世情关"。佛法认为，现世的苦难可以通过对佛的虔诚信仰和皈依得到解脱，也许苏曼殊也是这么认为的，所以，他的小说中便不断地重现这种情感逻辑。尘世，对他们有诱惑；佛界，对他们也有诱惑，两种诱惑同时存在、并行不悖，这是一种人生面对两种诱惑而无能为力的永远的困惑。

《断鸿零雁记》中，三郎留给静子这样一封信：

静姊妆次：呜呼，吾与吾姊终古永诀矣！余实三戒俱足

之僧，永不容与女子共住者也。吾姊盛情殷渥，高义干云，吾非木石，云胡不感？然余固是水曜离胎，遭世有难言之恫，又胡忍以飘摇危苦之躯，扰吾姊此生哀乐耶？今兹手持寒锡，作远头陀矣。尘尘刹刹，会面无因；伏维吾姊，贷我残生，夫复何云？倏忽离家，未克另禀阿姨、阿母，幸吾姊慈悲哀愍，代白此心；并婉劝二老切勿悲念顽儿身世，以时强饭加衣，即所以怜儿也。

这是一封诀别信，细细读来，其中有许多的痛楚和不甘。他以佛教界规"不娶不淫"为托词来婉拒静子，看似决绝利落，情灭而佛生，看似快刀斩乱麻，挥剑斩情丝，但入世有苦，出世也未必不苦，入世、出世的两重境地，那个"情"字，怎能说断就断呢！

企图把所有的事情都依托皈依佛门来解决，苏曼殊确实是有点儿异想天开了。一死不能了之，遁入佛门也不一定六根清净、四大皆空。苏曼殊就用自己的行为证明了这一道理。他三进佛门，向佛门求生，而后三出佛门，转而进入尘世。"抽刀断水水更流，举杯销愁愁更愁"，他所谓的向佛门求生，只不过是情感破灭之后的精神寄托，而并非真正的心灵的顿悟。是故进也忧，退也忧；生也忧，死也忧；爱也忧，恨也忧……这岂不是又陷入另一种轮回纠缠？当他沿门托钵之时，当是并无普度众生的奢念，也不曾标榜慈悲为怀，他所要寻求的只是心理平衡，不求立地成佛。只是正如情使他伤神一样，佛可曾给过他安宁？

在情与佛的死结中，苏曼殊的生存方式和情感方式存在着太多的矛盾，他一生出入佛门，以求心灵的解脱，但又无法通过参佛逃离尘世苦痛，难以面对人生的惨淡。传奇的人生经历、深刻的思想矛盾使得他似乎找到了一个信念，那就是情难以堪时佛门在招手，跨过这道门，一切似乎就能够解脱，而心灵也将得到解脱后的圆满。不管是以死谢情还是以佛救情，他小说中所写的情，滤尽了一切世俗的渣滓，境界是那样地宁静、透明、高雅、圣洁，没有以往作品中所流露的男子对女子的征服和占有，更没有表现出对美色的狎侮、玩弄。不像是凡俗儿女谈情说爱，他对人物举止、心态的描绘细腻、隽永，又笼罩着一层薄薄的梦幻似的色彩；所写的情、景、人物、场面，仿佛是一幅幅娟秀淡雅又带着淡淡萧疏苍凉色调的水墨画，给人以清幽恬淡的美感和缠绵哀怨的意绪。这当然与现实生活有相当的距离，是长期以来隐藏在作者心灵深处的意识，这种潜意识又是经他反复酝酿、咀嚼，并按照自己的审美追求不断提炼、充实、加工改造的。这些小说所展现出来的都是同一个既简单又复杂的逻辑。简单的是处理的方式，而复杂的则是在这一处理方式背后所渗透出的对宗教、对人生的理解。

苏曼殊凭着对爱情的朦胧希望，凭着独特的灵感，讴歌了人类美好的情感，并在人物内心世界审美化方面做出了可贵的探索，但无论是生活中的苏曼殊，还是作品中的男性，他们拒绝女性之情时的共同托词都是"佛门弟子，安能蓄内"。这不能不说是苏曼殊心中永远的纠结，永远的痛。也许，爱情，原本就与苏曼殊无缘。

苏曼殊：诗心寄禅思

第三章
诗　僧

　　清末民初的文坛森罗万象，苏曼殊是其中一位慧秀孤标、才华横溢的文人雅士。郁达夫曾评价他说："他的浪漫气质，由这一种浪漫气质而来的行动风度，比他的一切都要好。"郑桐荪也曾说过："他的行为虽是落拓，却并非不羁；意志虽极冷，而心肠却是极热。"他行为怪异又离经叛道，他的文艺作品惊世骇俗、超群绝伦。他的小说、画等都别开生面，他的诗也颇负盛名，清空淡远、别具神韵，真挚感人，散发着幽兰之美。整体而言，苏曼殊的作品表现的自我形象皆具真情实感且思想解放，给读者留下了深刻的印象，其独特的艺术风格，对中国文学现代化产生了积极而深远的影响。

　　苏曼殊的诗作现存约百首，多数为七绝。他作诗非常有天赋，柳亚子先生曾在他的《记陈仲甫先生关于苏曼殊的谈话》中这样说过：

　　　　曼殊是一个绝顶聪明的人，真是所谓天才。他从小没有好好儿读过中国书，初到上海的时候，汉文程度实在不甚高明。他忽然要学做诗，但平仄和押韵都不懂，常常要我（陈独秀）教他。做了诗要我改，改了几次，便渐渐的能做了。在日本的时候，又要章太炎教他做诗，但太炎不曾好好儿的教，只由着曼殊自己去找他爱读的诗，不管是古人的，是现代的，天天拿来读。读了这许多东西以后，诗境便天天进步了。

苏曼殊遇到了好老师，他自己也努力，所以写出了不少好的诗作，也吸引了很多粉丝。

王德锺先生在《燕子龛诗·序》中对他的诗给予了很高的评价：

> 近代诗道之宗尚，诚难言矣！……而苏曼殊之诗可以徂百代已。……所为诗茜绵眇，其神则寒裳湘渚，幽幽兰馨，其韵则天外云，如往而复；极其神化之境，盖如羚羊挂角而弗可迹也。旷观海内，清艳明隽之才，若曼殊者，殊未有匹焉。

而且，他不仅自己写诗，还是第一个把雨果的小说和拜伦、雪莱等诗人的诗介绍到中国来的翻译家。苏曼殊是一位名副其实的诗僧。

一、苏曼殊的诗

他的诗作散佚很多，现存的只有五十题一百零三首，确证的有三十九题八十九首。这些诗作，都是随着他自己的生活和思想的变化，来抒写对国家、对人民和对自己的感受的。

（一）内容丰富，类型多样

苏曼殊的诗，内容丰富，类型多样。

他有不少写景诗。诗中调子明快爽朗，生气盎然，冲破了"愁"和"恨"，给读者以美的享受，是不可忽视的作品。如《过蒲田》：

> 柳阴深处马蹄骄，无际银沙逐浪潮。

茅店冰旗知市近，满山红叶女郎樵。

还有《淀江道中口占》：

孤村隐隐起微烟，处处秧歌竞插田。
羸马未须愁远道，桃花红欲上吟鞭。

诗中通过"柳阴""银沙""茅店""红叶""孤村""秧歌""远道""桃花"等极富个性特征的意象，写出了风光旖旎、凄然动人的意境，由此形成了一种清丽、俊逸的风格。《淀江道中口占》这首随口吟诵的诗，平白如话，途中的景色和心中的感受用白描手法抒写出来，绘形传神，达到声情并茂的境界。

苏曼殊的诗，带给我们最深的印象是自然纯真，不假雕琢。这是与苏曼殊的气质、际遇和修养分不开的。苏曼殊浪漫、感性、纯真，有天分，有名师的指点，再加上肯下功夫，这些浑然天成的诗歌就自然而然地完成了。

另外还有一首《迟友》：

云树高低迷古墟，问津何处觅长沮？
渔郎行入深林处，轻叩柴扉问起居。

上面三首诗是苏曼殊诗中描写日本比较完整的作品。苏曼殊一生十几次东渡日本，他 35 年的短暂生涯，差不多有一半是在日本度过的。苏曼殊在日本先后生活了十多年，又是有一半日本血统的混血儿，那么，苏曼殊心目中的日本是什么样子的呢？在他的诗歌和小说里，日本又是怎样的形象呢？这三首诗里有着具体的描写。孤村微烟、柳荫红叶、深林柴扉、桃花女郎，诗中的日本给人的印象是恬静优美，远离尘嚣，仿佛桃源仙境。

除了这三首之外，在其他诗的只言片语中也有对日本的描写，比如：

> 十日樱花作意开。忍见胡沙埋艳骨。(《樱花落》)
>
> 丈室番茶手自煎。(《本事诗》之二)
>
> 华严瀑布高千尺。(《本事诗》之五)
>
> 踏过樱花第几桥。(《本事诗》之九)
>
> 暂住仙山莫问予。(《次韵奉答怀宁邓公》)
>
> 沙白松青夕照边。(《谒平户延平诞生处》)
>
> 谁知词客蓬山里。(《东居杂诗》之十一)
>
> 胭脂湖畔紫骝桥，流水栖鸦认小桥。(《东居杂诗》之十二)
>
> 春来梦到三山未？手摘红樱拜美人。(《步韵答云上人》之三)

这些诗里，有可供欣赏的"樱花""瀑布""沙白松青""流水""小桥"等美丽的自然景观，还有"自煎""番茶"的怡然自得和"摘红樱""拜美人"的艳遇，所以诗人甚至直接用"仙山""蓬山""三山"这些指仙境的词来称呼它，也就不足为奇了。

苏曼殊的诗中有不少述志诗。苏曼殊早年是个热血男儿，后虽曾陷于消极，但对于国事却一直没有忘怀。他的诗作中，表现爱国主义和民族主义思想的作品占有一定的比例。如《以诗并画留别汤国顿》二首：

> 蹈海鲁连不帝秦，茫茫烟水著浮身。
> 国民孤愤英雄泪，洒上鲛绡赠故人。
>
> 海天龙战血玄黄，披发长歌览大荒。
> 易水萧萧人去也，一天明月白如霜。

诗中以"海天龙战"为背景，通过赞颂鲁连蹈海，荆轲刺秦的行为，抒写自己反帝反清的锐气和雄心，苍凉悲壮，令人兴发。

还有《寄调筝人》之二：

> 生憎花发柳含烟，东海飘零二十年。
> 忏尽情禅空色相，琵琶湖畔枕经眠。

这些诗句都能让人感觉到他极冷的外表下面所包裹着的那颗火热的心，都呈现出一种清淡、明丽、天然的特征，给人以无穷的韵味。像这种表现爱国爱民思想的诗作，在辛亥革命前后还有一些，如《为玉鸾女弟绘扇》：

> 日暮有佳人，独立潇湘浦，
> 疏柳尽含烟，似怜亡国苦。

然而更能表现他的心境的还得数他的怀古诗《吴门依易生韵》十一首之三、之五：

> 月华如水浸瑶阶，环珮声声扰梦怀。
> 记得吴王宫里事，春风一夜百花开。

> 万户千门尽劫灰，吴姬含笑踏青来。
> 今日已无天下色，莫牵麋鹿上苏台！

这几首诗，大都是借助咏怀古迹、伤感时事来表达自己对家国安危的关注，眷恋情深，托意深远。

苏曼殊的爱情诗，是他的诗作中最为人们所传诵的。这些诗虽然写的多是男痴女怨，内容也没有脱出"眼中泪，心中事，意

中人"的窠臼，但却表现出他对爱情大胆而纯真的想象。比如
《本事诗》之六：

> 乌舍凌波肌似雪，亲持红叶索题诗。
> 还卿一钵无情泪，恨不相逢未剃时。

还有《东居杂诗》之十六：

> 翡翠流苏白玉钩，夜凉如水待牵牛。
> 知否去年人去后，枕函红泪至今留？

这两首诗通过自然流露的真情和闪烁扑动的灵气，而表现出一股清艳明隽而又自然沉挚的神韵。

还有一首《无题》八首之四：

> 水晶帘卷一灯昏，寂对河山叩国魂。
> 只是银鸾羞不语，恐防重惹旧啼痕。

从这首爱情诗里，可以清楚而真切地看到，他的感情是多么缠绵、多么深挚，而且具有非常大的感人力量。

又如他的《本事诗》之八：

> 碧玉莫愁身世贱，同乡仙子独销魂。
> 袈裟点点疑樱瓣，半是脂痕半泪痕。

佛和情，是苏曼殊心中的冰雪与炭火，皈依佛门与恋爱倾情，也是他心中挥之不去的纠结与苦痛。虽然他皈依又还俗，反反复复，但不管怎样，他都忠于内心的选择，没有与心爱的人终成眷属。即便如此，他还是难忘与恋人的情愫，还是伤心与情人的分

离。如《东居杂诗》之七：

折得黄花赠阿娇，暗抬星眼谢王乔；
轻车肥犊金铃响，深院何人弄碧箫？

如《失题》诗：

斜插莲蓬美且鬈，曾教粉指印青编。
此后不知魂与梦，涉江同泛采莲船。

这首诗讲的是生离死别后，并表现出了对情人的无限相思之苦。

另外，他的参禅诗也占有一定比例，诗中含有大量禅佛意象，如：雷峰山、同泰寺、寒山夜半钟、寺南楼、红泥寺、灵山、恒河、湘兰天女、摩耶、疏钟、山僧、庵、浮图、佛、钵、经、入定、斋罢、未剃、面壁、空相、持锡、禅心、镜台、夙缘、红尘、蒲团、无生、梵土、王舍、三生、随缘、前生、妙迹、劫灰、劫前尘、劫后灰、劫火焚、兵火头陀、破钵芒鞋、空、恕、忏等。这些词，从数量上看是相当可观的，在苏曼殊诗中的覆盖面也很广。比如他的《住西湖白云禅院作此》：

白云深处拥雷峰，几树寒梅带雪红。
斋罢垂垂浑入定，庵前潭影落疏钟。

还如《本事诗》之十：

九年面壁成空相，持锡归来悔晤卿！
我本负人今已矣，任他人作乐中筝。

这两首诗在清丽隽永的韵味中透示着哀怨、空灵的情调，也透露出作者对僧人生活的无限向往。

他的《题画》诗：

> 海天空阔九皋深，飞下松间听鼓琴。
>
> 明日飘然又何处？白云与尔共无心。

这首诗表现出苏曼殊沉入禅定之后，心灵获得自由的通透洒脱。又如《柬法忍》：

> 来醉金茎露，胭脂画牡丹。
>
> 落花深一尺，不用带蒲团。

这道诗表现出他尘世享受、参禅拜佛两不影响的愉悦之情。

苏曼殊诗中有关日本的描写，除了自然景物之外，还有很多日本女性形象。如《游不忍池示仲兄》：

> 白妙轻罗薄几重，石栏桥畔小池东。
>
> 胡姬善解离人意，笑指芙蕖寂寞红。

还有一些诗中有个别诗句的描写：

> 湘弦洒遍胭脂泪。（《为调筝人绘像》之一）
>
> 偷尝天女唇中露。（《寄调筝人》之三）
>
> 淡扫蛾眉朝画师，同心华髻结青丝。（《为调筝人绘像》之二）
>
> 斜插莲蓬美且鬈。（《失题》）
>
> 香残玦黛浅含颦。（《本事诗》之四）
>
> 桃腮檀口坐吹笙。（《本事诗》之五）

乌舍凌波肌似雪，亲持红叶索题诗。(《本事诗》之六)

同乡仙子独销魂。(《本事诗》之八)

豆蔻香温语不休。(《东居杂诗》之三)

异国名香莫浪偷。(《东居杂诗》之四)

蝉翼轻纱束细腰，远山眉黛不能描。(《东居杂诗》之十一)

胡姬、天女、蛾眉、青丝、含颦、桃腮檀口、远山眉黛等都是美女的代名词。

他的诗自然流露，容量大，韵味浓。如《本事诗》之二：

> 丈室番茶手自煎，语深香冷涕潸然。
> 生身阿母无情甚，为向摩耶问凤缘。

这首诗是写与女子谈心的。寥寥二十八字，把女子的生活境况、感情状况，以及他们谈心时的情景、内容，都一一描述出来，意境深邃，耐人寻味。

他的小说《断鸿零雁记》从第八章到第十九章写的完全是发生在日本的事，其中关于日本的描写也只是仙境般的自然和女性。

> 而车已停，余向车窗外望，见牌上书"逗子驿"三字，遂下车。余既出驿场，四瞩无有行人，地至萧旷。即雇手车向田亩间辚辚而去。时正寒凝，积冰弥望。如是数里，从山脚左转，即濒海边而行。但见渔家数处，群儿往来垂钓，殊为幽悄不嚣。

> 久之，至一处，松青沙白。方跂望间，忽遥见松阴夹道中，有小桥通一板屋，隐然背山面海，桥下流水触石，汩汩作声。余趣前就之，仰首见柴扉之侧，有标识曰："相州逗子

《松荫鼓琴图》 苏曼殊绘

樱山村八番"。余大悦怿，盖此九字，即余乳媪所授地址。

遂随吾女弟步至楼前。时正崦嵫落日，渔父归舟，海光山色，果然清丽。忽闻山后钟声，徐徐与海鸥逐浪而去。

是夕，微月已生西海，水波不兴。余乃负杖出门，随步所之，遇渔翁，相与闲话，迄翁收拾垂纶，余亦转身归去。时夜静风严，余四顾，舍海曲残月而外，别无所睹。

上述文字中摹景状物，作者不惜笔墨，写得细致、具体，景中含情，情中寄事，意境很是微妙。苏曼殊对日本的记述，除了这些写景的篇章，还有一些诸如慈祥的母亲、姨母，美若天仙的表姐静子，亲切的阿姐，可爱的妹妹葱子，忠厚的厨娘阿竹等人物描写，她们都留给读者很深的印象，也是作者记忆中不愿缺失的部分。虽然还有一些作者轻点笔墨提到的"渔翁""车夫"和垂钓的"群儿"等人物，但真正出现在苏曼殊作品中的日本男性形象，几乎没有，其实，确切一点说，这种男性缺失的现象，在苏曼殊其他的文学创作中，也是一样。

苏曼殊有大约十几年的在日生活经历，又有日本亲属，也十分善于把自己的经历编织到作品中。有这样的背景，而作品中居

然没有可以算得上文学形象的日本男性，这的确让人费解。苏曼殊为什么不写日本男性和日本的社会现实呢？

其实不难理解。正是他刻意的避开，才能让我们感受到苏曼殊心中对日本男性和日本现实的深刻理解。这与苏曼殊生活的时代背景和个人经历息息相关。

甲午中日战争，中国大败，原来那个根本不入中国法眼的弹丸小国竟然打败了泱泱大国，一时间朝野震惊，中国开始对日本刮目相看。向日本学习，向西学强国学习几乎成为上下共识。清政府也开始正式派遣留学生去日本，公费、自费去日本留学的人数大增。中国是真心想学习日本，赶上世界前进的步伐，而日本对中国的态度却日趋傲慢，对中国的野心也越来越大。随着在日俄战争中的胜利和顺利吞并朝鲜，日本在远东的实力日渐增强，态度更加蛮横。无能的清政府只能沦为帝国主义列强砧板上的鱼肉。1906 年，日本尚友馆出版日译本拜伦长诗《海盗》，其中附有译者木村鹰太郎的长篇解说文《关于〈海盗〉》，该文在考述世界海盗历史时，把"日本倭寇"列为世界三大"海盗运动"之一，并遗憾地说："若秀吉能利用此等倭寇，灭明朝，将它并入日本领土，实为易事——吾人深感遗憾。"日本当时的扩张主义思潮可见一斑。这样的社会氛围，常住日本的苏曼殊绝不会一点都感觉不到。既然不是感觉不到，却又只字不谈，那就只能是有意回避了。这种回避表现到作品中，就是绝不描写日本的男性和社会现实。从这里我们可以看出苏曼殊作为一个中日混血儿的矛盾心理和他面对现实的尴尬。从这一角度理解，苏曼殊的"思惟身世，有难言之恫"，就不单单是对自己身世血统的感言，而是有着对当时中日关系现实的痛感在其中。

另外，苏曼殊与养母河合仙之间有着很深的母子之情。他们一直保持着较为密切的联系，苏曼殊弥留之际留给朋友的最后一句话是："但念东岛老母，一切有情，都无挂碍。"可见母子情深。从这种感情出发，苏曼殊对日本女性的好感就有着极坚实的心理基础，因此在作品中，把日本女性理想化，美化她们也就顺理成章了。

苏曼殊还有一些怀友诗。这些诗反映了他对朋友的深情。如《忆刘三、天梅》：

> 东来与慈亲相会，忽感刘三、天梅，去我万里，不知涕泗之横流也。
>
> 九年面壁成空相，万里归来一病身。
>
> 泪眼更谁愁似我？亲前犹自忆词人。

他对佛，对朋友，对美女的爱，都出自真情。这样矛盾的性格和立场，非常合理地集中在苏曼殊身上。他的诗中所抒发的思想感情，不论是悲是寂，是哀是愁，都发自肺腑，感人深思。

他还有一些漂泊流亡诗，主要描述漂泊天涯的无奈、寂寞之情和流亡无依的悲凉之情。苏曼殊的很多诗中还反复出现"孤""独""病""愁""泪"以及"客""飘""过""远""去"等字眼。比如：

苏曼殊（前排左一）与友人合影

> 袈裟和泪伏碑前。
> （《谒平户延平诞生处》）
>
> 孤灯引梦记朦胧。
> （《过若松町有感》）
>
> 孤愤酸情欲语谁？
> （《本事诗》之三）
>
> 相怜病骨轻于蝶。
> （《本事诗》之七）
>
> 芒鞋破钵无人识。

（《本事诗》之九）

危弦远道客魂惊。（《调筝人将行属绘〈金粉江山图〉题赠二绝》之一）

东海飘零二十年。忏尽情禅空色相，琵琶湖畔枕经眠。（《寄调筝人》三首之二）

雨笠烟蓑归去也。（《寄调筝人》三首之一）

寂寞南洲负此身。（《步韵答云上人》三首之二）

张俭飘零岂是归？万里征尘愁入梦。（《别云上人》）

独有伤心驴背客，暮烟疏雨过阊门。（《吴门依易生韵》十一首之一）

河山终古是天涯。（《吴门依易生韵》十一首之四）

狂歌走马遍天涯。（《憩平原别邸赠玄玄》）

天涯漂泊欲何之？（《东居杂诗》十九首之十四）

炎蒸困羁旅，南海何辽索。（《耶婆提病中，末公见示新作，伏枕奉答，兼呈旷处士》）

以上这些诗句，写出了苏曼殊的贫病交加和孤独感伤。他不知道将要何去何从，所以他忽而中国、忽而日本、忽而南洋，忽而要革命、忽而要出家、忽而要恋爱。在这种漂泊无依中也深刻地透露出了苏曼殊那难言的寂寞之情。其中的无奈、愁病、孤苦，刻画出了诗人内心的隐秘，那是一种居无定所、心有旁骛的双重漂泊，是不能简单以"身世有难言之恫"、国家处于风雨飘摇之中和生性的浪漫来解释的。

此外，苏曼殊还用含有"国"或与"国"相通的词语制造"亡国"的悲凉意象，把自己放在一个流亡者的位置，表达对"故国"的情感。比如：

似怜亡国苦。（《为玉鸾女弟绘扇》）

故国已随春日尽。（《吴门依易生韵》十一首之十）

毕竟美人知爱国。（《无题》八首之二）

寂对河山叩国魂。（《无题》八首之四）

相逢莫问人间事，故国伤心只泪流！（《东居杂诗》十九首之二）

异国名香莫浪偷。（《东居杂诗》十九首之四）

猛忆定庵哀怨句，"三生花草梦苏州"。（《东居杂诗》十九首之九）

谁知词客蓬山里，烟雨楼台梦六朝。（《东居杂诗》十九首之十一）

况是异乡兼日暮。（《东居杂诗》十九首之十三）

落日沧波绝岛滨，悲笳一动剧伤神。（《落日》）

枯木寒山满故城！（《调筝人将行属绘〈金粉江山图〉题赠二绝》之一）

苏曼殊虽是中日混血，但他一直认为自己的祖国是中国，他是一个地地道道的中国人。他一生多次来往于中国和日本之间，流落漂泊，而他的诗大多作于日本，所以流露出很深的流亡感。这些诗句中除"异国""异乡""绝岛滨"等句是借异国衬托心中有祖国外，其他句子均直指祖国；而诗句中与"国"相关的词语又多有悲凉之意，组成了像"亡国苦""故国伤心只泪流""寂对河山叩国魂""烟雨楼台梦六朝"等寓含"亡国"意象的句子。柳亚子先生曾说过："照他平日的言论，他又是极端地袒华厌日的。"面对被列强觊觎、积弱已久、内部又混乱不堪的中国，诗人才"伤心泪流"，才要求"相逢莫问人间事"，才会人在"蓬山里"，仍然"梦六朝"。出家与忧国的矛盾，出世与入世的矛盾，对故土的牵挂和漂泊异域的失落交织在苏曼殊心中。

（二）风格多样，影响深远

苏曼殊的诗，轻灵、自然、和谐、多情，在当时掀起了一波又一波的涟漪，苏曼殊也成为名噪一时的风云人物。章士钊先生

曾在《题〈曼殊上人诗册〉》中说他："小小诗篇万汇情""一时南社广诗才，著个诗僧万象开"。他有众多粉丝，也引来众多文人名士的关注和欣赏。

有些评价和关注对苏曼殊诗歌的风格做出了全面的评价。比如，杨天石、刘彦成先生在《南社·苏曼殊和马君武》中说：

> 苏曼殊是南社中具有多方面才能的艺术家。……他以写清逸的小诗见长，风格清灵明隽，在当时诗坛上别具一格。他的部分诗作抒发对清朝统治者的憎恨和对时局的忧思。……辛亥革命后，他的少数诗也表现了对国家命运的系念。……他还有一部分写自然景物和在日本怀念祖国的诗。但作者更多的诗却流于缠绵悲感，题材狭窄，格调悲凄，表现了浓烈的出世思想和惆怅幻灭的情调，意义不大。

游国恩等先生著的《中国文学史》中也有评价：

> 在南社作家中，苏曼殊别具一格，倾倒一时。……他的诗风格别致，自有一种动人力量。

罗芳洲在《苏曼殊的生平及其作品》中说过：

> （曼殊）信手把笔，而写来轻快流丽，哀艳凄绝，这真非几人所能为了。

有些评价切中苏曼殊诗的自然轻灵和不加粉饰。如柳亚子先生在他的《苏曼殊之我观》中曾评价说：

> 他的作诗，全不用心做作，可是自然而然的非常优美，给读者一种隽永轻清的味道，给读者种种深刻的印象，使读

者诵读过他的诗后不会忘记。我想把李延年的"北方有佳人，绝世而独立，一顾倾人城，再顾倾人国"一诗来批评曼殊的诗是最好了。……他的诗个个人知道是好，却不能说出好在什么地方：就我想来，他的诗好在思想的轻灵，文辞的自然，音节的和谐。总之，是好在他自然的流露。

文公直先生在为苏曼殊写的传记《曼殊大师传》中这样说：

> 曼殊之作品——尤其是诗，完全为天才之流露。故其诗文，极其潇洒自然，毫不牵强。虽不用心，而自然工整优美，予读者以轻清隽永之深切回味，留深刻之印象。柳亚子评曼殊诗如"一顾倾城"，洵为允当。盖其诗，音节和谐，文辞精纯，思想灵敏，运用轻巧，不愧为一代诗人。其诗作，一片真情，一任机灵触发，自然流露，不假雕琢，佳趣天成。故能蓓丽清明，艳而不滥，简而不陋，审其诗品之清高，已是见其人品之亮洁！

他还在《曼殊大师全集·序》中评价说：

> 曼殊之诗文，不假雕琢，不事粉饰，全恃天才流露，斐然成章。故其作品咸圆润流丽，绝无斧凿痕，而表现其自然而然的优美，予读者以轻清隽永之回味；给读者以深刻曼妙之印象，使读者陶醉于情感之中，镂镌于心灵之内；而永不能忘。盖其精神表现，如北方佳人，绝世独立；如凭虚御风，飘飘欲仙；诗文感人之深，未有逾于此者。至于立意之高明，思想之轻灵，文辞之自然，节奏之和谐；则犹为其文学艺术上之余技矣。

郁达夫先生也曾在《杂评曼殊的作品》中说：

他的诗是出于定庵的《己亥杂诗》，而又加上一脉清新的近代味的。所以用词很纤巧，择韵很清谐，使人读下去就能感到一种快味。

于右任先生在《独树斋笔记》中这样说：

> 曼殊诗格超超，在灵明境中。

傅熊湘先生在《燕子龛遗诗·跋》中说：

> 曼殊天才清逸，又深习内典，出其余事为诗与画，故自超旷绝俗，非必若尘土下士，劳劳于楮墨间也。

罗琼宇先生在《苏曼殊诗酬韵集·序》中说：

> 以天纵之才，超尘绝俗，诗在骨里，非食人间烟火，天籁之声，特假以鸣。

有人评价说苏曼殊的诗，外在艳丽不羁，实则关心国事，有屈子之风。比如，黄沛功先生在《燕子龛诗·序》中说：

> 不知者谓其诗哀艳淫冶，放荡不羁，岂贫衲所宜有；其知者以为寄托绵邈，情致纡回，纯祖香草美人遗意，疑屈子后身也。

高天梅先生在《愿无尽庐诗话》中说：

> 曼殊诗，其哀在心，其艳在骨，而笔下尤有奇趣，定庵

一流人也。

冯印雪先生在《燕子龛诗·序》中说：

曼殊振奇人也，生当叔季，身世机陧，胸骈垒块，阐为诗歌，以陶写哀乐。故文情并丽，踵武楚骚，得香草美人之意。读其诗，如聆鱼山梵呗，雷威琴渊，泛飘眇勿可捉，殆天才也。

罗建业先生在《苏曼殊研究草稿》中说：

大师的小诗，剪裁风格，酷肖小杜。岂唯熟处难忘，抑亦托体既同这区区四句，变化自有其穷尽之时阿。

曼殊的小诗，许多都有古典的嫌疑，据主张的辩护说："这是'收百世之阙文，采千载之遗韵'。"那末它除了本身的作用以外，又有历史的兼差了。

法朗士有言，"伟大的真象，非到费事和工作不能实现"。曼殊的诗文，其好处也是用些血泪购得来的，故此他要说"此道不可以安身立命"了！

任访秋先生在《苏曼殊论》中说：

曼殊的诗近百首，从内容上看，所抒发的绝大部分是身世之感，其次是家国之感。

郑桐荪先生在《与柳无忌论曼殊生活函》中也说：

曼殊多绝诗，风韵极佳，有神无物，而味极隽永，愈读愈见其佳。

熊润桐先生在《苏曼殊及其〈燕子龛诗〉》中评价说：

全以真诚的态度，写燕婉的幽怀，不染轻薄的习气，不落香奁的窠臼，最是抒情诗中上乘的作品。

黄侃先生在《镌秋华室说诗》中评价说：

（曼殊）偶作小诗，亦极凄婉。

周瘦鹃先生在《紫罗兰外集》中说：

（曼殊）所为艳体诗，嚼蕊吹香，幽艳独绝。

有的评价指出了苏曼殊诗的缺点和不足。比如郑逸梅先生在《南社丛谈》中说：

曼殊诗，风华逸宕、雅类晚唐之杜樊川，有却扇一顾，倾城无色之概。

胡寄尘先生在《说海感旧录》中也指出：

（曼殊）诗略近晚唐，总之高逸有余，雄厚不足，说他是东洋风气，也不为过。

要之，苏曼殊的诗歌风格独特，蕴含中西艺术，婉转回旋、情真意真。高天梅先生在《诗中八贤歌》曾说："雪蝶上人工短吟，二十八字含馀音。"他的诗情文并举，意境深远、情景交融，诗中有画。苏曼殊诗作受禅学影响甚大，其诗往往反映禅的空灵，故受评价颇高，王德锺先生在《燕子龛诗·序》中说："旷观海内，清艳明隽之才，若曼殊者，殊未有匹焉。"郭沫若先生说："苏曼殊的诗歌很清新。"柳亚子先生也说苏曼殊"在文学和艺术上，却都有相当的天才，不可磨灭"……

通过以上对苏曼殊诗的评价不难看出，苏曼殊的诗歌，风格多样，格调明快，隽永轻清，清新自然，得神化之境，特点鲜明；多是感怀之作，诗风幽怨凄恻，弥漫着自伤身世的无奈与感叹。从苏曼殊的诗作中，完全可以通观他的情感生活及心灵轨迹。

（三）特征鲜明，触动灵魂

苏曼殊短暂的一生，一直徘徊于东西文化之间，承受着来自不同文化的冲击和塑造。他的诗歌也体现了各方面的冲突和冲突之下的苦痛。其所处的时代，再加上他的身世背景和他独立而深刻的思考，注定了他的诗歌带有鲜明的时代烙印及触动人心的力量。

从内容上来看，苏曼殊的诗歌中蕴含着深刻的思想碰撞和冲突。

一是展现了革命的豪情壮志和忧国忧民的思想。革命者邹容在他的《革命军》一书中曾这样说过："扫除数千年种种专制政体，脱去数千年种种奴隶性质……使中国大陆成干净土，黄帝子孙皆华盛顿。"这是那个时代的革命志士的憧憬和热望。苏曼殊也是这样，为了推翻腐朽的清王朝、打倒侵略我国的列寇，他参加过很多个革命团体和很多次革命活动，在这些斗争实践中，他一直憧憬着中国的民主自由与繁荣富强。他是我国近代一个较为自觉的资产阶级革命者，其诗作《以诗并画留别汤国顿》二首，就通过历史典故，描写抒发了忧国忧民的思想和他的革命壮志。诗中写道：

蹈海鲁连不帝秦，茫茫烟水著浮身。
国民孤愤英雄泪，洒上鲛绡赠故人。

海天龙战血玄黄，披发长歌览大荒。
易水萧萧人去也，一天明月白如霜。

这组诗发表于 1903 年，正是沙皇俄国向清政府提出长期控制东北的无理要求之时。苏曼殊当时正在日本成城学校念书，他义愤填膺，为救亡奔走呼号。诗作中有齐国高士鲁仲连宁死不受秦国统治的威武不屈，也有卫国人荆轲慷慨赴死刺秦王的大义凛然。其中的鲁仲连和荆轲都是作者自比，"表现了爱国青年的锐气和雄心"，"既雄壮又悲凉，既隐约又鲜明"（游国恩《中国文学史》）。诗作以康有为的学生、苏曼殊的好友汤国顿被军阀刺杀为引子，抒发了自己对帝国主义和清政府的愤恨之情。虽然帝国主义的铁蹄践踏了神州大地，但许多爱国之士和不屈不挠的中国人民仍在奋起反抗。

87

　　但另一方面，虽然资产阶级革命者有着革命的万丈豪情，但是由于资产阶级自身的软弱性，革命路途多舛，这些革命者也有着掩盖不住的消极和悲观情绪。革命的狂热与进取和这种消极悲观情绪所产生的冲突，以及由这种冲突无法解决所产生的痛苦，在苏曼殊身上表现得尤为明显。在《步韵答云上人》一诗中，诗人写道：

满天花雨隔红尘，绝岛飘零一病身。
多少不平怀里事，未应辛苦作词人。

　　这首诗写出了他因远离祖国，对革命形势不甚明了而产生的怅惘、消极情绪与疲惫、颓丧心理。

水晶帘卷一灯昏，寂对河山叩国魂。(《无题》之四)

相逢莫问人间事，故国伤心只泪流。(《东居杂诗》之二)

这些诗句，无不流露着浓浓的哀愁和深深的悲观情绪。另外，在《题〈拜伦集〉》中他写道：

秋风海上已黄昏，独向遗编吊拜伦。

词客飘蓬君与我，可能异域为招魂。

这首诗写出了他孑然一身、四海飘零时的无限孤苦和寂寞，流浪感伤的情绪同拜伦如出一辙。熊润桐在《苏曼殊及〈燕子龛诗〉》中说："这首诗虽说是他吊拜伦的，一面实在也是吊他自己。"苏曼殊的一生行迹与拜伦大都相似，同样漂流异域，同样缠绕在爱情和自由当中。他们对自由热情真诚，但命运坎坷多舛，很多时候都进退两难、心如刀绞。

还有《谒平户延平诞生处》，诗是这样的：

行人遥指郑公墓，沙白松青夕阳边。

极目神州余子尽，袈裟和泪落碑前。

这首诗作于1909年，"平户"是日本长崎的一个市镇，"延平"指的是郑成功，郑成功的母亲是日本人，平户是他的诞生地，这里有他的纪念碑。苏曼殊的身世与郑成功相仿，他对郑成功十分敬佩，曾在《断鸿零雁记》中借"静子"之口介绍过郑成功的事迹。诗中苏曼殊以民族英雄自勉，决心为民族的独立与解放而抛头颅洒热血，但另一方面他又认为"余子尽"，那些富有爱国精神的英雄人物都已长逝，他有些心灰意冷，痛苦和哀愁袭上心头，而只能泪落碑前。这里有苏曼殊内心的慌乱和挣扎，迷惘和感伤，这是在当时特定背景下的正常反应，是在执着求索救助满目疮痍

的旧中国的征途中，表现出的深层心态和思索。

二是展现了苏曼殊的独立人格与污浊现实的矛盾。苏曼殊有这样两首诗，一首是《过若松町有感示仲兄》：

> 契阔死生君莫问，行云流水一孤僧。
> 无端狂笑无端哭，纵有欢肠已似冰。

另一首是《寄刘三白门》之二：

> 升天成佛我何能，幽梦无凭恨不胜。
> 多谢刘三问消息，尚留微命作诗僧。

在这两首诗中，苏曼殊刻画了这样一个形象：一个孑然一身、浪迹天涯的人，坚守着自己的理想和抱负，但他又对龌龊的现实厌倦不已。这个人虽然早已将生死置之度外，但他的内心却极度痛苦，这种痛苦并非来自别处，而恰恰来自他自己的独立人格与这黑暗污浊现实的矛盾。诗作抒发出了他因前途失望和个性压抑，以及独立人格难以保全而产生的苦闷。作为一位较早接触西方先进文化而觉醒的知识分子，苏曼殊人格独立，有着纯真无染和善良友爱的天性，思想先进，却无法改变污浊腐败的社会现实，他内心的痛苦是可想而知的，这是一种噬咬灵魂的、炼狱般的痛。

另外，还有一些诗句，也写出了他内心的悲凉：

> 远远孤飞天际鹤，云峰珠海几时还？（《久欲南归罗浮不果，因望不二山有感，聊书所怀，寄二兄广州，兼呈晦闻、哲夫、秋枚三公沪上》）
> 孤灯引梦记朦胧，风雨邻庵夜半钟。（《过若松町有感》）
> 欲寄数行相问讯，落花如雨乱愁多！（《寄广州晦公》）

上述这些诗句，有写给朋友的，也有写给恋人的；有的写在颠簸的旅途中，有的写在孤寂的月明之夜……但不管何时何地，苏曼殊的心中都是悲凉和孤独的。

在苏曼殊所处的时代，传统的价值体系已不值一钱，而新的思想体系又尚未确立，因此，当时的一部分清醒者产生了一种前所未有的失落感。再加上晚清之际世风浇漓、道德败坏，苏曼殊想找到一处任他自由驰骋的净土，真的是比登天还难。没有办法，他只好向自然求助。因此，他写出了如《过蒲田》《淀江道中口占》这样的描写自然景物的诗。在大自然里，他才能沉醉、忘我，才能将自己的率真性情和峻洁人格释放。如他的《住西湖白云禅院作此》一诗：

白云深处拥雪峰，几树寒梅带雪红。

斋罢垂垂浑入定，庵前潭影落疏钟。

这首诗作于 1905 年秋天，苏曼殊在杭州西湖泛舟之时。他看到了山林最深远处的雷峰山和山上的雷峰塔，还看到了近处被薄

杭州西湖雷峰塔下的白云禅院旧影

雪覆盖的梅花透出了嫣红的颜色，在这里，苏曼殊暂时找到了可以栖息心灵的所在，他可以饭后"垂垂浑入定"，可以心不驰散，进入安静不动的禅定状态，这时他的心灵得到了抚慰，灵魂渐入佳境。苏曼殊曾推崇雪莱为"神思之人，求索而无止期，猛进而不退转"，其"品行之卓，出行云间，热诚勃然，无可阻遏，自趁其神思而奔神思之乡"。苏曼殊学习雪莱，他一生都在追求人格的独立，但他的身世之苦以及那些情思情愁，还有许多的生活不如意，都跟他独特的生命体验息息相关，无法摆脱。他的痛苦，犹如一道无解的难题，困扰纠缠着他，使他无法自拔，只能在狂放不羁的人格与腐朽污秽的黑暗现实之间矛盾着。苏曼殊推崇雪莱，但却不具备雪莱那种大无畏的进取精神，因此，他时而佯癫假狂，时而出入歌楼舞榭、秦楼楚馆，甚至不惜摧残自己的肉体，以便使自己能够"质本洁来还洁去"，获得一个高洁的人格。苏曼殊这样做的结果是他从形体到心灵都遭受到了巨大的痛苦折磨。

三是鲜明昭示着他炽热的爱情。苏曼殊去世后，柳亚子先生写出了哀哭他的诗句："无计逃禅奈有情""凄绝南朝第一僧"。这可以说是对苏曼殊诗歌特征的极好概括。在《本事诗》之六中他写道：

> 乌舍凌波肌似雪，新持红叶索题诗。
> 还卿一钵无情泪，恨不相逢未剃时！

"还卿一钵无情泪"，把一钵无情泪还赠给恋人，这是一种多么难以言说的无奈，又包含了多少哀怨和痛苦，让诗人欲断还连，欲说还休，痛苦欲绝，诗人只好以泪绝情。苏曼殊是个情种，他心中"爱"的种子，本也可随处播撒，可是，每到情浓时，他都无法跨越内心深处的佛沟。虽说苦海无边，回头是岸，但炽热爱情与佛门戒律之间不堪言说的冲突，也只有诗人自己才能明白，所以他只能感叹"恨不相逢未剃时"。

还有两首诗，一首是《为调筝人绘像》，诗中写道：

收拾禅心侍镜台，沾泥残絮有沉哀。

湘弦洒遍胭脂泪，香火重生劫后灰。

另一首是《寄调筝人》之一：

禅心一任蛾眉妒，佛说原来怨是亲。

雨笠烟蓑归去也，与人无爱亦无嗔。

这两首诗作于 1909 年，当时苏曼殊离开上海东渡日本东京，同艺伎百助互相往来。诗作写的是给调筝人百助绘像时的情景和感受。苏曼殊此时的内心是波澜起伏、狂热凌乱的。他喜爱这个东方美人，为她手绘小像，她不施脂粉的天然丽质和梨花带雨的洁白脸颊，都让他不能自已；弹筝人一下一下拨弄着琴弦，也一下一下击打着他的心弦。他对她青睐有加，不能不为所动，可是"人到多情情转薄"（纳兰性德语）。虽然佛心也多情，但当这样的爱情与他的内心、他的现实产生了强烈的矛盾时，他总是用佛法作为解除个人痛苦和矛盾的手段。他的情、他的佛，都在无尽的纠缠中煎熬着。

生憎花发柳含烟，东海飘零二十年。

忏尽情禅空色相，琵琶湖畔枕经眠。

这是《寄调筝人》之二，诗中的"憎"字，写出了诗人的心境和心迹，他憎恶春光和那些如同春光一样的女子，他自称自己心中已万相皆空，他将佛经作为伴侣，陪他入眠。而在《寄调筝人》之三中他却这样写道：

偷尝天女唇中露，几度临风拭泪痕。

日日思卿令人老，孤窗无那正黄昏。

诗中句句血泪，那灼烧般的爱恋和情愫，如火山喷发一样冲破了诗人为自己戴上的紧箍咒，也冲破了诗人那"无爱无嗔"的外衣，揭露了他内心深处的真相。可是，在他的《本事诗》之八中，他又有这样的描述：

碧玉莫愁身世贱，同乡仙子独销魂。

袈裟点点疑樱瓣，半是脂痕半泪痕。

在这首诗中，苏曼殊内心的冲突和煎熬更加明显。"碧玉"是晋代汝南王司马亮的妾，后用来指代小户人家或出身寒微的美女。"同乡仙子"指百助，苏曼殊与她都出生在横滨，所以称为同乡。这里苏曼殊由古及今，时而写美女点燃了他心中的爱火，时而写袈裟浇灭了他的情愫。他以佛门弟子的身份，在诗歌中大胆地描绘了其在佛门教规与世俗欲望之间进退维谷的难堪状态，表现出了灵与肉激烈冲突所带给他的折磨与痛苦。是的，有多少次，诗人用清静空寂的心弦无情地堵住了爱的激情；当他在青灯孤影中想要皈依佛门时，又多少次重新萌发出追求美好爱情的强烈愿望。压抑，释放，再压抑，然后再释放……无数个交替纠结，无数次碰撞撕扯，苏曼殊在佛法与爱情的夹缝中艰难地行走着，那撕心裂肺般的剧痛，那孤独压抑的苦闷，为佛规所束，却又为情所驱，个中滋味，唯有苏曼殊独自——品味，——吞噬。

从形式上来看，苏曼殊的诗歌用语独特，精于描绘，擅于联想，多用修辞。

一是有些诗描写细腻入微。"看取红酥浑欲滴，凤文双结是同心"，这是写夜深观察蜡烛时的细节；"露湿红蕖波底袜，自拈罗带淡蛾羞"，这是写女子等候太久，鞋袜被露水沾湿的情景；"酡

93

颜欲语娇无力，云鬓新簪白玉花"，这是写女子喝醉酒后的情态和妩媚的神情，这些描写好像是电影里面的特写镜头，小小的细节被放大，让读者看得清晰，体会得入微，感受得真切。

二是联想丰富，设想奇特，造语绮丽，情辞凄恻。如《吴门依易生韵》之十一：

白水青山未尽思，人间天上两靡微。
轻风细雨红泥寺，不见僧归见燕归。

这首诗主要写作者漫游江南时的感受，是怀古之作，悲天悯时，吊古伤今，调子沉郁，语句哀怨，写出了作者当时的心境。吴门是苏州的别称，古代吴国曾建都于此。易生是苏曼殊在安庆高等学校任教时的好友沈燕谋。郑桐荪在《与柳无忌论曼殊生活函》中说："曼殊诗多绝诗，风韵极佳，有神无物，而味隽永，愈读愈见其佳。"这首诗以白水青山来形容山水的幽静，与姜夔的《湖上寓居杂咏》里"游人去后无歌鼓，白水青山生晚寒"有异曲同工之妙。诗中诗人的思绪波动，感情起伏，他的人还在红泥寺避雨，心却飞到了自己的家里，这其中的丰富联想可见一斑。

三是诗中饱含画意。苏曼殊精于绘画，他的诗往往诗中有画。例如，《游不忍池示仲兄》：

白妙轻罗薄几重，石栏桥畔小池东。
胡姬善解离人意，笑指芙蕖寂寞红。

这首诗富有异国情调，细细品来好似一幅色彩鲜明的图画。其中"胡姬"解意的神态和"离人"苦闷的心境，如同摆在我们眼前的画面，但这样的场景变换和人物心理活动的描写，哪是画家的画笔所能描绘得出来的呢？另外，苏曼殊诗中刻画的人物也非常富有个性。如他的代表作《本事诗》之九：

春雨楼头八尺箫，何时归看浙江潮？

芒鞋破钵无人识，踏破樱花第几桥。

对于这首诗，前人有许多和诗，也做出了很多评价。其中杨天石、刘彦成认为这是苏曼殊的代表作。熊润桐评价说："我们把这首诗读了之后，闭目凝思，仿佛真正见到一个芒鞋破钵的孤僧，手持寒锡，在那樱花上踽踽独行的样子。——并且从这里面，可以窥见他那一副'落叶哀蝉'的身世。……他这首诗只寥寥二十八个字，已经把他自家的一生完全笼罩起来了，好像望远镜一样，那块镜片虽然一寸左右，但往里面一望，却有无限江山，耐人观赏。哦！这是何等的手腕哟！"是的，这首诗诗文直观，让人浮想联翩，其中既有作者的独特形象，又蕴含着作者的人生境况。

四是诗中多用第一人称。诗歌是传情达意和塑造形象的最好的文学形式，但很少有诗人会使用第一人称的表现形式。苏曼殊不一样，他的诗中，有很多第一人称的词语出现。比如"我""吾""予""侬""一""孤""独"等字眼就频繁出现，这些字无疑都是特指抒情主人公诗人自己。这种与传统诗歌不同的特点是与他受西方诗歌的影响密切相关的，这样能更好地直抒胸臆，阐发感情。比如以下这些诗句中，都是以第一人称表现的。

天生成佛我何能？（《有怀》二首之二）

万里归来一病身，泪眼更谁愁似我？（《忆刘三、天梅》）

何妨伴我听啼鹃。（《西湖韬光庵闻鹃声柬刘三》）

我已袈裟全湿透。（《题〈静女调筝图〉》）

我亦艰难多病日。（《本事诗》十首之一）

未及卿卿爱我情！（《本事诗》十首之五）

我本负人今已矣。（《本事诗》十首之十）

暂住仙山莫问予。（《次韵奉答怀宁邓公》）

我再来时人已去。（《过若松町有感》）

行云流水一孤僧。（《过若松町有感示仲兄》）

独向遗编吊拜伦。词客飘蓬君与我。（《题〈拜伦集〉》）

绝岛漂流一病身。（《步韵答云上人》三首之一）

恰侬憔悴不如人！（《步韵答云上人》三首之二）

独有伤心驴背客。（《吴门依易生韵》十一首之一）

中原何处托孤踪？（《吴门依易生韵》十一首之二）

何处停侬油壁车。（《何处》）

此去孤舟明月夜。（《东行别仲兄》）

独上寺南楼。（《南楼寺怀法忍、叶叶》）

我是华亭鹤。劝我加餐饭，规我近绰约。我马已玄黄。
（《耶婆提病中，末公见示新作，伏枕奉答，兼呈旷处士》）

以上这些诗句，来自于苏曼殊的近20首诗歌。这种情况在我国传统诗歌中并不常见，像这样豪放自信、直接抒发感情的，也只有"诗仙"李白了，他的"天生我材必有用""我辈岂是蓬蒿人""我本楚狂人"等诗句，至今读来仍朗朗上口，让人有大声呼喊的冲动，这是李白的自信，是李白的豪放使然。可苏曼殊不同，他感伤、孤独，甚至厌世，但仍多用第一人称，强烈凸显个人形象，这是为什么呢？其实，苏曼殊是受他所极端崇拜的拜伦的影响。在英文原文的拜伦诗中，"I""MY"等第一人称的词出现频率是极高的，这应该是与英语的表述习惯有关。苏曼殊所翻译的拜伦《哀希腊》的诗句中，有"而我独行谣，我犹无面目，我为希人羞，我为希腊哭"，"我"字异常突出。这种突出自我的表述方式，对苏曼殊产生的影响是显而易见的。

（四）苏曼殊诗歌的艺术创新

苏曼殊的诗歌在语言、意象、意境、风格等方面有不少创新，呈现出一种不同于传统诗歌的面貌，具有一股如郁达夫所说的"清新的现代味"，从而推进了中国诗歌在艺术上现代化的进程。

一是在语言上，多用现代白话，诗歌的语言呈现出清新、自然的特点。著名诗人艾青曾说过："新的词汇、新的语言，产生在诗人对于世界有了新的感受和新的发现的时候。"苏曼殊就是这样，他没有系统学习过国学，国学基础非常薄弱，直到 20 岁到上海后，才在陈独秀、章太炎等人的指导下断续地学了些国学。这在一定程度上限制了他的创作，但也正是因为这样，他受旧学的束缚较少，所以在领悟到了中国诗歌的神韵之后，他就能以一种自己喜欢的语言表达方式来抒发自己的情感，表达自己的心声。

正如柳亚子先生所赞，苏曼殊的诗作有"文辞的自然""自然的流露"。他用直白的语言表达了他人生的哀愁与苦闷，如：

> 泪眼更谁愁似我？亲前犹自忆词人。(《忆刘三、天梅》)
> 多谢刘三问消息，尚留微命作诗僧。(《柬金凤兼示刘三》)

他用流畅自然的语言表达了对人格独立的追求，如：

> 狂歌走马遍天涯，斗酒黄鸡处士家。(《憩平原别邸赠玄玄》)
> 谁知词客蓬山里，烟雨楼台梦六朝。(《东居杂诗》之十一)

他还用大家熟知的语言展示了爱情的苦痛，比如：

> 芒鞋破钵无人识，踏过樱花第几桥。(《本事诗》之九)
> 凄绝蜀杨丝万缕，替人惜别亦生愁！(《杂居杂诗》之十七)

苏曼殊的诗歌也有少量用典故的地方，比如他的《为玉鸾女弟绘扇》一诗：

> 日暮有佳人，独立潇湘浦。
> 疏柳尽含烟，似怜亡国苦。

在这首小诗中，虽然可以清晰地分辨出杜甫的《佳人》、江淹的《别赋》、王士禛的《秋柳》等古典诗歌的影子，但由于苏曼殊有的只是取其意，有的只是取其境，把原诗的精华完全化成了自己诗歌的血肉，所以也看不出生搬硬套的嫌疑。

还有他的《本事诗》之六的"还卿一钵无情泪，恨不相逢未剃时"，就是来自大家所熟知的张籍的《节妇吟》中的"还君明珠双泪垂，恨不相逢未嫁时"两句；《本事诗》之五的"华严瀑布高千尺，不及卿卿爱我情"，就是由李白的《赠汪伦》中"桃花潭水深千尺，不及汪伦送我情"两句而来；《东居杂诗》之五的"碧阑干外夜沉沉，斜倚云屏烛影深"，则是从李商隐的"云母屏风烛影深，长河渐落晓星沉"这两句转化而来；《东居杂诗》之十九的"遗珠有恨终归海，睹物思人更可悲"，则是出自唐人薛逢的"微波有恨终归海，明月无情却上天"这两句。但不管是用典故，还是化用前人的名句，苏曼殊也都写出了新意，将其变成了自己的诗句。他的这些诗作，没出现过一个生僻的字，一个难懂的词，不会因用典过多而造成诗歌语言生硬、晦涩、难懂。苏曼殊用典故少，而且也多用些常见的诗文和佛典故事，不用生典、僻典，并且他还常常把典故直接变为他诗中的内容，使典故与其他内容完全融为一体。

另外，为了服从表达真情实感和新内容的需要，苏曼殊在他的诗歌中大量使用了富有生命力

98

《华严瀑布图》　苏曼殊绘

的新名词和口语，所以他的诗歌就出现了很多现代"白话"，其诗歌的语言也因此具有了一种清新、明白、自然的特点。不能不说苏曼殊的诗翻出了新意，文风自然天成，具有一种旺盛的生命力，推动了诗歌语言的革新。

二是苏曼殊自创了大量极富个性特征的意象，为其诗歌带来了新的面貌与活力。意象，简单地说，就是寓"意"之"象"，就是用来寄托主观情思的客观物象。苏曼殊的诗歌中，用得比较多的意象主要有春雨楼头、红泥寺、红叶、梨花、樱花、袈裟、泪、鹧鸪、归燕等。比如：

> 水驿山城尽可哀，梦中衰草凤凰台。
> 春色总怜歌舞地，万花缭乱为谁开？（《吴门依易生韵》之六）

> 水晶帘卷一灯昏，寂对河山叩国魂。
> 只是银莺羞不语，恐防重惹旧啼痕。（《无题》之四）

> 胭脂湖畔紫骝骄，流水栖鸦认小桥。
> 为向芭蕉问消息，朝朝红泪欲成潮。（《东居杂诗》之十二）

在这几首诗中，苏曼殊运用山城、衰草、水晶帘、银莺、小桥、芭蕉等意象，十分自然地营造出了清美的意境：山城佳景、歌舞盛会、百花烂漫、水晶帘动、小桥流水、芭蕉不语。并且，这由衰草、昏灯、栖鸦、红泪等意象所构成的凄美、幽怨的意境，一经形成，便立刻使得现在的凄凉境况与往日的欢娱盛况形成鲜明的比照，更加深了今日"万花缭乱为谁开"的凄冷和"物是人非事事休"的悲凉，并由此又生出了另一种淡雅疏纤、幽深哀婉的新意境，十分令人动情！

再如，他在"夜凉如水待牵牛""此去孤舟明月夜""软红帘动月轮西""碧桃花下月如烟""槭槭秋林细雨时""暮烟疏雨过阊门""轻风细雨红泥寺"等诗句中，就用富有独特意蕴的"孤舟""月""雨""红泥寺"等意象，给他的诗歌染上了一层雾气迷茫的朦胧美和疏雅、幽婉的韵味。这种美和韵味，虽然有李商隐诗之情韵的影子，但却比李商隐的诗多了一层明朗和一丝主观色彩，多了一个极富个性的诗人形象，而这恰恰是中国古典诗歌所匮乏的。

我国古典诗歌一直以"原始意象"为正宗，但那些古典意象如明月、白云、冰雪、芳草、梅花、松柏、菊花、杜鹃等等，都被先人们赋予了无数次的欢乐和悲哀，这样反复的袭用，使得原本非常富有活力的意象，逐渐在这搬用、复制中变得枯涩乏味。尤其是在清末至近代，因袭之风盛行，文坛这些老化的意象逐渐产生了"生存危机"。龚自珍带来了诗歌意象的革新，他的诗中频繁出现多次并举的"箫心""剑气""风雷""落花"等一系列富有时代特征的崭新意象，使中国诗歌的意象有了新的创造源。后来黄遵宪又顺应时代的潮流，创造并使用了大量的新意象，由于受西方文化的影响，黄遵宪的具有审美情趣与审美感受的意象又多了些异域色彩。

苏曼殊继承了龚自珍和黄遵宪的优良传统，他创造了很多象明意浓或立象尽意，描摹式或转喻式的意象，已经与古代原始的意象有了本质的不同。虽然苏曼殊的诗歌意象独创性还不算太强，也还缺乏一定的思想深度，但由于诗歌创作于苏曼殊来说，从来都是心灵情感和生命体验的自然流露，因此，这就恰好使他的诗歌意象挣脱了传统审美观念的束缚而焕发出了新的生命力。比如"春雨楼头"和"红叶"，前者为苏曼殊自己创造，后者是借自他人，二者的"象"都十分明艳：一个是春雨蒙蒙中的楼台，一个是鲜艳的红叶；两者的"意"也都绵远悠长：锁雾的春雨楼头象征着似海的深愁，传情的红叶述说着无尽的情意。这样的"意"与"象"亲密无间地融合在一起，给诗歌增添了十分迷人的魅力。

因此，苏曼殊的诗歌，在创造新意象，给诗歌注入无限活力的同时，也使得诗歌挣脱了传统审美观念的束缚而具有了一种幽怨、凄美、清新的意境。

三是在诗风上，苏曼殊的诗清丽明艳，主观色彩浓厚，为"五四"时期浪漫主义诗歌的出现奠定了基础，开辟了道路。不管是写景诗还是述志诗，也不管是爱情诗还是参禅诗，苏曼殊的诗歌无不具有这种自然清新、主观感情扑面而来的独特风格。高天梅说："曼殊诗，其哀在心，其艳在骨。"王德锺说曼殊诗"清艳明隽"。文公直说曼殊诗"不假雕琢，不事粉饰，全恃天才流露，至情感人"。周作人也说其诗有"真气与风度""表现出他的个性来"。这些评论实为精当之语。

苏曼殊生活的时代，诗坛上主要活跃着两种诗人，一种是资产阶级诗人，一种是复古派诗人。资产阶级又分为改良派和革命派，他们注重诗歌的政治功用，把诗歌当作政治革命和社会革命的冲锋号和利剑；复古派注重诗歌的学问性，把写诗当成做学问，他们用典，因袭，模仿，俨然一个个掉书袋，把诗歌当成展示他们学问的工具。但这两派有一个共同点，即不注重意象的运用，不注意意境的勾画，因而写不出美妙的诗歌。

苏曼殊的诗歌"透过流行观念的表层"，"创造出了更丰富、更美、更接近人类本性的内在倾向，更忠实于心灵的最高希望的"深邃而又优美的新意境。他写作的过程中，自带一种独特的、遗世的气质，其中蕴含着他的理想、他的价值观、他的个人情感，这使得他的诗歌文辞易懂、意蕴绵长。

二、苏曼殊的译诗

苏曼殊是位诗僧，他除了自己写诗之外，还翻译过《拜伦诗选》和法国著名作家雨果的名著《悲惨世界》等等，在当时的译坛引起了很大的轰动。著名作家郁达夫曾经对苏曼殊在文艺方面的成就做过这样的评价："笼统讲起来，他的译诗，比他自作的诗

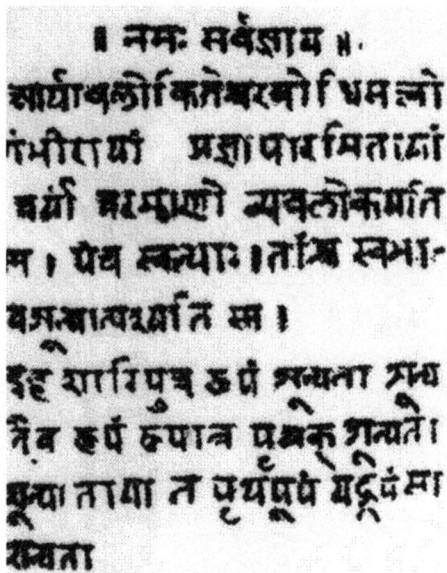
苏曼殊梵文墨迹

好，他的诗比他的画好，他的画比他的小说好。"这种说法虽值得商榷，但至少肯定了一个事实——翻译在苏曼殊的文学活动中占据了相当重要的地位。

（一）先锋号角般的译者

说苏曼殊是翻译并介绍外国诗歌的先驱，一点也不为过。在第一部翻译作品《惨世界》于1903年面世之后，他在翻译界沉寂了很长一段时间。这大概四五年的时间里，苏曼殊几乎停止了全部的译介外国文学的工作。原因当然与当时的时局不无关系。当时《国民日日报》被查封，苏曼殊心灰意冷，从香港到惠州，在某破庙落发为僧。他热爱国家，但看不到祖国的前途和未来，又亲眼目睹了黑暗的社会现实，无处宣泄内心愤激之情的苏曼殊，只好遁入空门，暂且逃避。但他只是表面的逃离，实际上并不能忘却现实。这期间，苏曼殊对佛学产生了浓厚兴趣，他漫游于暹罗、印度、锡兰等地，"随乔悉磨长老究心梵章二年"。他潜心研习梵文，在1907年完成《梵文典》8卷，专研佛典的用心可见一斑。

1907年，他的第一本译诗集《文学因缘》在日本东京出版。此书后来在国内重印，题为《汉英文学因缘》，由英译汉和汉译英两部分组成。苏曼殊为诗集写了自序："今吾汉土末世昌披，文事弛沦久矣。大汉天声，其真绝耶？比随慈母至逗子海滨，山容幽寂，时见残英辞树。偶录是编，闽江诸友，愿为之刊行，得毋灵府有难尘泊者哉？"有一点需要说明的是，诗集中的作品并非全由

102

苏曼殊个人所译，有不少中国古诗是由外国汉学家翻译的。

1908 年，苏曼殊翻译的《拜伦诗选》在东京出版，后由上海泰东书局翻印。他写作了《自序》。

1911 年，苏曼殊的第 3 本译诗集《潮音》在日本刊行。苏曼殊用英文撰写了《潮音·自序》，对拜伦和雪莱这两位英国大诗人的思想和创作进行了比较分析。序中还谈到了诗集的内容："在这几页里，我得有荣幸，来把这几首从《拜伦集》中译出的诗，贡献于诸位读者。"（据柳无忌译文）

1914 年，苏曼殊编译的中英诗歌合集《汉英三昧集》在日本问世。

因为这段时间苏曼殊大多居住在日本，所以这 4 本诗集均在日本出版发行。另外，当时的中国并不重视对外国诗歌的翻译介绍，仅有的翻译作品也大多是西方小说，翻译者往往投读者所好，只介绍读者感兴趣的故事情节。所以，对诗歌的翻译是一个冷行业。而苏曼殊却迎难而上，他去翻译、介绍拜伦的诗歌，以至于出现了"拜伦热"，因此，苏曼殊对外国诗歌的翻译介绍，在当时是具有开创意义的。是他，第一个比较全面系统地向我国人民译介了拜伦和其他积极浪漫主义诗人的作品，可以说，他在翻译界有着筚路蓝缕之功。

关于苏曼殊的翻译，上面说的是他与其他翻译者的第一个不同。第二个不同，就是他翻译的态度和目的。从态度上来看，他非常审慎，非常严肃。首先他翻译的对象多是名家名作，除拜伦之外，还有雪莱、歌德、彭斯等人的作品。这表明他的审美鉴赏水平是很高的。在西方诗人中，苏曼殊最敬重拜伦，所译拜伦诗也最多。其实，在苏曼殊之前，还有名家曾经翻译介绍过拜伦和他的诗歌，比如梁启超和马君武。1902 年，梁启超曾在他的政治小说《新中国未来论》里用词曲形式译述了拜伦《哀希腊》的部分章节，同时，在这本书里，梁启超还翻译了拜伦的诗《渣河亚》（《不信教者》）中的一段。1905 年，既是翻译家又是诗人的马君武翻译了《哀希腊》全诗，发表在《新文学》杂志上。但他们二人介绍拜伦的诗歌，仅仅是出于想要借助拜伦的酒杯来浇灭自己心中块垒的目的，所以他们对拜伦诗歌的译介也仅限于此。真正全面、深刻译介拜伦及其诗歌的，还是苏曼殊。

（二）苏曼殊与拜伦

苏曼殊的诗作中，有两首七绝写到了拜伦：

题《拜伦集》

秋风海上已黄昏，独向遗编吊拜伦。

词客飘蓬君与我，可能异域为招魂。

本事诗（之三）

丹顿拜伦是我师，才如江海命如丝。

朱弦休为佳人绝，孤愤酸情欲语谁？

这两首诗都描述了拜伦的状况，前一首感叹了他们两人漂泊他乡的共同遭遇；后一首把拜伦称为老师，诗中充满了中国传统文人的孤高自许。当时，这两首诗常常被苏曼殊的那些活跃于文坛的朋友们提起，这都对拜伦在中国的传播起了不可忽视的作用。此外，苏曼殊在与友人的通信中也屡次谈到拜伦，1916 年他还参与倡导了拜伦学会的工作，推进了拜伦在中国的影响。杨鸿烈先生称苏曼殊是"介绍拜伦文学给中国的第一人"。我国 20 世纪初期出现的拜伦热与苏曼殊的努力是分不开的。

《文学因缘》《潮音》等之中收录了苏曼殊翻译的 5 首拜伦的诗歌，正是这仅有的几首诗，真正使得中国读者对拜伦及其诗歌有了广泛的兴趣。1906 年，苏曼殊翻译了国内第一部拜伦诗集《拜伦诗选》，1908 年出版。

苏曼殊翻译拜伦的诗歌并介绍拜伦，与梁启超等有着本质的不同。就拜伦本身来说，他是一个争取各民族解放的斗士。恩格

斯曾称赞他是"满腔热情地、辛辣地讽刺现社会的拜伦"。拜伦一生，始终在勇敢地同反动势力做斗争，他猛烈抨击封建制度，批判资本主义的罪恶，同情和支持被压迫民族争取自由和解放的斗争。鲁迅先生曾说："那时拜伦之所以比较为中国人所知……就是他的助希腊独立。时当清的末年，在一部分中国青年的心中，革命思潮正盛，凡有叫喊复仇和反抗的，便容易惹起感应。"作为爱国青年的苏曼殊也义无反顾地对拜伦"一见倾心"

苏曼殊译《拜伦诗选》书影

了。他"独向遗编吊拜伦"，视这位"精神界战士"为知己。他翻译拜伦诗，就是希望国人从拜伦诗歌中汲取精神力量，让叫喊反抗和复仇的声音响彻中华大地。他曾在《拜伦诗选·自序》中说过：

105

> 震旦万事俱坠，岂复如昔时所称天国（Celestial Empire），亦将为印度、巴比伦、埃及、希腊之继耳！

后来又说：

> 此语思之，常有余恫！比自秣陵遄归将母，病起匈膈，濡笔译拜伦《去国行》《大海》《哀希腊》三篇。

这些文字充分说明，苏曼殊翻译拜伦诗歌并介绍拜伦，其根本目的就在于配合当时资产阶级革命的思想启蒙运动。当然，我们不否认，苏曼殊与拜伦，他们在个性气质、审美理想等方面都较为接近，苏曼殊对拜伦的惺惺相惜之感不能排除。

苏曼殊在《拜伦诗选·自序》中称他"以诗人去国之忧，寄之吟咏，谋人家国，功成不居，虽与日月争光可也"，描述了拜伦背井离乡的忧愤和助希腊独立的义举。在《潮音·自序》中，他称拜伦是"自由的热情真诚的信奉者——敢于要求一切事物的自由——大的或小的，社会的或政治的。从不考虑自己怎样或何处走向了极端"，指出了拜伦精神中热爱自由的层面。苏曼殊介绍的拜伦，或者说他想让大家认识的拜伦，是一个有着慷慨豪情，为家为国的侠士，他虽才高命薄、漂泊异乡，但仍然率性不羁，追求自由和浪漫。而这率性而为的个性，正是苏曼殊在自己的言行举止中加以效仿的浪漫气质。

这多少与其他译者介绍的拜伦有所不同。张定璜就曾在文章中指责拜伦"趾高气扬"。鲁迅先生真正把拜伦的恶魔一面介绍给了中国的读者。苏曼殊在译介拜伦时并不客观，他只介绍了拜伦浪漫主义的、可爱的一面，而把那个为普希金、莱蒙托夫所模仿的恶魔的拜伦忽略回避了。这并不是苏曼殊认识片面，而是他刻意为之，毕竟，苏曼殊身上有很多气质与拜伦很相像，他是在拜伦身上寻找一种"自我"，对那个睚眦必报的拜伦他是无法理解的，对那个恶魔的拜伦他也是无法欣赏的。他在翻译《去国行》时，称拜伦是"词客飘蓬"，说他"才高命薄"，都是对拜伦不平遭际所阐发的感慨。张定璜说得好，"他爱拜伦，爱拜伦和他相像"。

苏曼殊有选择地介绍拜伦，向国人展示了一个浪漫天才的拜伦形象。拜伦的落拓不羁和慷慨侠情，乃至流落异乡，都是他人格中浪漫的一面。苏曼殊用自己的方式让国人理解了拜伦的浪漫精神。

苏曼殊对拜伦的认同，不仅表现在片面地译介拜伦上，还在于他对拜伦的模仿或者他那些拜伦式的行为举止上。据章炳麟的

《曼殊遗画·弁言》记载：

> （苏曼殊）尝在日本，一日饮冰五六斤，比晚不能动，人
> 以为死，视之犹有气。明日复饮冰如故。

拜伦在日记中也曾记载自己有一次患忧郁症，感到异常干渴，便一夜喝下十五瓶汽水，仍然干渴如故。后来甘乃光在《拜伦的浪漫性》中提到拜伦这件事时说：

> 这样豪气唯李白《将进酒》里"会须一饮三百杯"可以
> 东西比美。苏子谷也曾一次饮冰五六斤，致成大病。子谷事
> 事学拜伦，而尤以学他的浪漫性为似，而子谷亦卒以此戕
> 其躯。

这是人们最常谈到的关于他的饮冰的逸事。还有很多像这样无法用常理解释的事件，如见到诈伪败行之事，苏曼殊便瞠目直斥，不留情面；他常因无钱吃饭，饿得拥被而卧，一旦得钱却又一挥而尽……因此，杨鸿烈先生在《苏曼殊传》中说苏曼殊是"一个天真未凿行事浪漫之人"。戴启钧先生也曾说苏曼殊"视名利若浮云"。这也是后人推崇苏曼殊的一个重要的品格。另外，还有苏曼殊不愿为五斗米折腰的故事。辛亥革命之后，苏曼殊的旧日相识们都谋得了高位，他们请苏曼殊也入幕，可苏曼殊虽然穷得四处告贷，却不愿为"委琐功利之事"羁绊。在当时能有这种闲云野鹤般，把功名利禄置身事外的超然心态的，也只有苏曼殊了。所以当时广东有"儒有简朝亮，佛有苏元瑛"的说法。苏曼殊赞赏拜伦"财富于我如过眼云烟"的生活态度。拜伦这一生宁愿无立足之地，也不愿在世俗的微妙复杂关系中纠缠，无论在议院还是在感情纠葛中都是如此。他个性强烈，不肯向现实常规妥协，也不容现实社会对其进行规范。苏曼殊称拜伦为"词客飘

蓬"，除了是说他的哀伤身世外，应该还有着对拜伦风流不羁的仰慕。苏曼殊挥金如土的个性和行为，应该也是从拜伦处学来的吧。所以，苏曼殊那些拜伦式的行为也为拜伦的浪漫精神做了生动的注释。郁达夫评价得切中肯綮，他说苏曼殊"继承拜伦那一个时代的浪漫气质"。

（三）苏曼殊与外国文学

苏曼殊对外国文学的翻译成就高，在当时的翻译界影响很大，因此，苏曼殊与外国文学的关系是一个值得研究的课题。

一是苏曼殊译改雨果的名著《悲惨世界》。1903 年 8 月，章士钊、何靡施、陈去病等人在上海创办资产阶级革命派报纸《国民日日报》，恰好苏曼殊刚从日本留学回到上海，便被请到《国民日日报》担任翻译和助理编辑。这正好给了苏曼殊施展才华的机会和平台。他翻译了 19 世纪法国浪漫主义文学大师维克多·雨果的名著《悲惨世界》，最初名称叫《惨社会》，署名苏子谷译。他的译作连载发表至第 11 回，后来由于清廷查封了报馆而被迫停止。这是苏曼殊最早翻译的外国文学作品。1904 年，译著改名为《惨世界》，由镜今书局出版单行本，署名苏曼殊、陈由己合译，回目已增加到了 14 回。当时所谓的合译，是指该书曾经由陈由己（陈独秀）润色加工过。计算一下时间，从工作到报馆被查封，大概只有两个月时间，苏曼殊便呈现给读者一部优秀的法国小说，这在近代翻译文学史上是功不可没的。

虽然苏曼殊的首次翻译功劳甚大，但他的这个翻译实际上应该算作翻译加改编。原因就是，《悲惨世界》一共 14 回，他仅仅在前几回近乎忠于原著，这个忠于，也仅仅是近乎，因为他把原著的很多内容都删掉了。从第 7 回起，他更是大刀阔斧，不仅离开了原著，而且杜撰了故事情节，他加上了一个叫作明男德的青年。明男德思想激进，行动大胆，不仅痛骂官府，只身劫狱，并且暗杀了无恶不作的官僚——满舟苟，从汉字的谐音来看，这显然是在影射清朝统治者。译作中写明男德在尚海（谐音上海）目睹了

种种丑恶的现象，回到巴黎后便联络会党，"大起义兵，将这班满朝文武，拣那黑心肝的，杀个干净"。后来听说拿破仑称帝，他便前往暗杀，但不幸遇难。这样的翻译，与其说是翻译，还不如说是创作。这部内容丰富、哲理深刻的社会小说，经过苏曼殊的翻译之笔，便衍化成为一本地地道道的政治小说了。一部"走样"的翻译著作，可以说充分地反映了苏曼殊的社会政治观点，也透露出了他对文学与政治之间关系的认识。其实，这已经超出翻译的界限了，他几乎不是在翻译，不是在鉴赏文学作品，而是直接把译介外国文学纳入到了政治的轨道上，用于宣传革新的思想主张了。

苏曼殊留存下来的诗作，均发表于《惨社会》之后，这说明他的文学活动是从翻译外国文学开始的。像他这样翻译先于创作的著名作家，在近代文学史上恐怕也是少之又少了。

二是苏曼殊精通日语，却没有翻译日本文学作品。苏曼殊精通英、日、梵等多国语言文字，其中日文应该是最为擅长的。他生于日本，母亲也是日本人，6岁那年回到祖国，15岁又留学日本5年，成年后也经常来往于中国和日本之间，在日本居住过很长的时间。有着这样得天独厚的语言条件，他却自始至终没有翻译过一篇日本的文学作品。这好像有些说不通，可是事实的确如此，原因也不难理解。首先在当时的时代大背景下，中日关系紧张复杂，日本小国对中国虎视眈眈，苏曼殊对日本有着刻骨的痛恨。他虽然精通日语，但不屑于讲日语，连去看医生都要请翻译代劳。其次应该就是日本文学自身的原因了。苏曼殊对日本文学有着深刻的了解，也正是因为如此，本着严肃认真翻译精神的苏曼殊，不愿违背自己的准则，去翻译一些他认为不必要的作品。当时的日本文学是脱离政治的，它们追求文学的娱乐性。即使到了近代，在日本文坛上，进步的、民主的文学，也始终没能够形成一股强大的力量。还有就是许多日本作家境界狭小，他们热衷于反映个人生活的小天地，缺乏一种昂扬进取的精神。这样的文学，当然很难获得忧国忧民的苏曼殊的赞赏和推介。

在《与高天梅论文学书》一文中，苏曼殊阐述了他译介外国文学的基本主张：首先应重视原著的思想内容，如无有价值的内容，哪怕译文"辞气相副"，十分传神，也不足取。纵观苏曼殊的翻译活动，基本上是实践了这种主张的。苏曼殊不像当时的很多翻译家那样，去翻译赢利价值高的侦探小说、言情小说，而是甘于寂寞，专门挑选文学品位高，而且能在一定程度上配合我国人民反抗压迫、争取自由的作品。这种严肃认真的态度，在当时的中国翻译界是难能可贵的。

三是从苏曼殊翻译的风格和特点分析。苏曼殊翻译的作品，前期和后期有着很大的区别。最早翻译的《悲惨世界》，主观随意性很大，称为"译改"最为合适，而后期却是严格忠实于原著去翻译。杨鸿烈先生在《苏曼殊传》中写道："曼殊的译诗一经和原诗排比标点起来，就显见他兼'按文切理，语无增饰'直译的长处和'陈义悱恻，事辞相称'意译的神妙。有人说，'翻译文学得好的，其价值等于创作'，我对于曼殊也是这样说。"张定璜说得更为透彻："在曼殊前尽管也有曾经谈欧洲文学的人，我要说的只是，唯有曼殊才真正教了我们不但知道并且会悟，第一次会悟，非此地原来有的、异乡的风味。晦涩也好，疏漏也好，《去国行》和《哀希腊》的香美永远在那里。……人有时候会想，拜伦诗毕竟只有曼殊可以译。……他们前后所处的旧制度虽失了精神但还有躯壳，新生活刚有了萌芽但还没作蕊花的时代，他们多难的境遇，他们为自由而战为改革而战的热情，他们那浪漫的漂荡的诗思，最后他们那悲惨的结局：这些都令人想到，惟曼殊可以创造拜伦诗。"这是前人对于苏曼殊译诗的肯定态度。

当然，也有人批评苏曼殊的译诗用词过于晦涩古奥。比如他翻译的彭斯的《一朵红玫瑰》的第一段，译文是这样的："颎颎赤蔷薇，首夏初发苞，恻恻清商曲，眇音何远姚。"据说那些古奥生僻的字都是经章太炎润色添加上去的。泪红生在《记曼殊上人》

中说到，苏曼殊"与太炎居尤久，其文字常得太炎润色，故所译英文拜伦诗，中多奇字，人不识也"。苏曼殊在《与刘三书》中也承认："前译拜伦诗，恨不随吾兄左右，得聆教益：今蒙末底居士（太炎）为我改正，亦幸甚矣。"可见，经过章太炎润色的并非只有拜伦的诗，由上引彭斯的诗也可得到证明。苏曼殊翻译的诗，主要以五言诗为主，也有四言诗。要之，苏曼殊的译诗，有着新鲜的思想和感情，也有着陈旧的语言和体式。这种内容与形式的错位，离不开历史条件的限制，所以我们不应该过多地对苏曼殊本人进行苛刻的评判。

三、苏曼殊诗风的成因

苏曼殊现存的大约一百多首诗歌，多数为七绝，多是感怀之作，这种倾向在辛亥革命后的诗作中体现得尤为明显。作为曾在《民报》《新青年》等先锋刊物上投稿的革新派文学团体——南社的重要成员，苏曼殊的诗风清艳明秀，别具一格，在当时影响非常大。

在当时诗文复古逆袭的背景下，苏曼殊这种诗风的形成，到底是受谁的影响呢？说法非常多，简要列举几种：一种认为他是"屈子后身"（黄沛功《燕子龛诗序》），一种认为他的诗"酷肖小杜"（罗建业《苏曼殊研究草稿》），一种说他是"定庵一流人"（高旭《愿无尽庐诗话》），一种认为他的诗受同时代人陈独秀、章太炎影响（柳亚子《记陈仲甫先生关于苏曼殊的谈话》），一种认为他的诗"深受义山影响"（任访秋《苏曼殊论》）……以上种种说法都有各自的道理，但又不尽完善。可以说，在一定程度上，屈原、杜牧、李商隐、龚自珍还有陈独秀、章太炎，他们都给了苏曼殊比较多的影响。

综合分析，苏曼殊诗风的形成，主要受到了以下两个方面的影响。

第一，苏曼殊受到我国古典浪漫主义的影响，其中以"小李杜"为代表的"婉约"浪漫主义和以龚自珍为代表的近代新浪漫主义的影响为最大。

说苏曼殊受李商隐的影响，是因为他们在生活际遇以及境况方面存在着很多相同或相似的地方。他们所处的时代都属于江河日下的末世、乱世。他们都在政治上怀才不遇，在生活上贫病交加。李商隐在《有感》中曾感叹"古来才命两相妨"，苏曼殊在《本事诗》中曾发出无奈的低吟"才如江海命如丝"。李商隐虽曾入仕，但终究由于朋党之争而受到祸害，不仅得不到重用，而且只能沉沦幕府、浪迹江湖。正如他自己在《上李舍人状六》中所写："片辞只韵，无救寒饥。"最终，李商隐年纪轻轻就病死在了郑州。苏曼殊也是这样，他身世孤凄，生活飘零，只能四海为家，常常身无分文，最后也是在壮年的时候病逝在上海。从生活经历来看，他们都不是那种中规中矩的正统知识分子，李商隐早年曾经入道，而苏曼殊也曾经三次落发三次还俗。他们的心中应该有着相似的落寞和企盼。从恋爱生活上来看，他们都极度不幸，他们的理想爱情都遭受到了毁灭性的打击。李商隐早年曾经先后与"洛中里娘"柳枝和玉阳灵都观某女冠相爱，但这种美好的爱情被封建势力横暴地摧残了。苏曼殊也曾经与他心仪的女子相恋，但最终也只落得恋人投海自尽的悲惨结局。苏曼殊与李商隐有着极大的相似度，他受李商隐的影响也是自然而然的了。

所以，苏曼殊的诗作，有很多诗句转化自李商隐的诗。苏曼殊有《集义山句怀金凤》一诗：

> 收将凤纸写相思，莫道人间总不知。
> 尽日伤心人不见，莫愁还自有愁时。

还有一些诗作直接与李商隐的诗相关，比如李商隐的《春雨》是这样的：

怅卧新春白袷衣，白门寥落意多违。

红楼隔雨相望冷，珠箔飘灯独自归。

远路应悲春晼晚，残宵犹得梦依稀。

玉珰缄札何由达，万里云罗一雁飞。

而苏曼殊的《东居杂诗》之九是这样的：

灯飘珠箔玉筝秋，几曲回阑水上楼。

猛忆安庵哀怨句，"三生花草梦苏州"。

李商隐的《春雨》是写爱情的，其中的抒情主人公是居于深
闺思念远方情人的痴情怨女。苏曼殊取李诗珠箔飘灯的意境，也
巧妙地写出了女主人公的相思情怀。这正是苏曼殊用典的妙处！

还有苏曼殊的《吴门依易生韵》之十：

碧城烟树小彤楼，杨柳东风系客舟。

故国已随春日尽，鹧鸪声急使人愁！

这首诗里所描写的环境，与李商隐的诗《碧城》三首其一中
所设定的环境非常相似。诗文如下：

碧城十二曲阑干，犀辟尘埃玉辟寒。

阆苑有书多附鹤，女床无树不栖鸾。

星沉海底当窗见，雨过河源隔座看。

若是晓珠明又定，一生长对水晶盘。

李诗中所咏的是女冠生活环境的清幽雅致和生活方式的奢华
考究。但是，李诗中所描写的女冠的特定生活环境气氛，用到苏

曼殊诗中的男女情事上，意境差了许多，艺术感也随之减弱了，但苏曼殊学习李诗的痕迹还是显而易见的。

另外，苏曼殊的《东居杂诗》之十六，也能在李商隐的《即日·一岁林花》中找到端倪；苏曼殊的《无题》八首之二与李商隐的《评事翁寄赐饧粥走笔为答》，苏曼殊的《东居杂诗》之七与李商隐的《送从翁从东川弘农尚书幕》，苏曼殊的《东居杂诗》之四与李商隐的《无题·来是空言》，等等，都有相似的意象。《东居杂诗》组诗和《何处》等，在艺术上受李商隐的影响甚大，诗风幽怨凄恻，弥漫着自伤身世的无奈与感叹。由此可见，李商隐对苏曼殊的影响非常大，苏曼殊对李商隐的学习和继承也是有据可查的。

此外，苏曼殊的诗歌意象等的创新，受龚自珍的影响也很大。其实龚自珍对苏曼殊的影响，不仅仅在诗歌的意象方面。郁达夫就曾说：曼殊诗"出于定庵的《己亥杂诗》，而又加上一层清新的近代味"。苏曼殊自己也说过："猛忆定庵哀怨句，'三生花草梦苏州。'"（《东居杂诗》之九）可见龚自珍对他的影响之深和他对龚自珍的倾慕之切。的确，龚自珍等人除了给他以人格、思想意识的直接影响外，更使他的诗歌具有了一种蔑视封建意识，敢于为情憔悴、为情愁苦，敢于流露真情的浪漫精神。

虽然在创作上，苏曼殊受李商隐和龚自珍等名家的影响很大，但是由于主观和客观上的种种原因，苏曼殊的诗还远不具备李商隐诗作的恢宏的气象、深远的题旨、繁艳的色彩和铿锵的吐韵，也不具备李商隐诗作独步诗坛的含蓄蕴藉。但与此同时，倒也避免了李商隐某些诗篇中的隐晦曲折、令人捉摸不透的弱点。苏曼殊虽然没有像龚自珍一样留下"我劝天公重抖擞，不拘一格降人才"这样的豪爽名句，也没有像"落红不是无情物，化作春泥更护花"这样的情感名句，但是他独树一帜，避免了龚自珍诗作中表现方法简单的弱点，形成了他自己的独特风格，仍是值得后人敬仰和学习的。

第二，苏曼殊还受到西方积极浪漫主义的影响。

19世纪，拜伦、雪莱等西方积极浪漫主义诗人张扬自我，追求个性解放，他们狂放不羁的个性掀起了积极浪漫主义的风潮。苏曼殊曾在他的《本事诗》中宣称过："丹顿拜伦是我师。"丹顿是我们现在所说的但丁。苏曼殊自称但丁和拜伦是他的老师，直白地说明了他的确曾经非常自觉地向外国的作家学习，从他们的文学名著中汲取丰富的养料。苏曼殊还曾在《与高天梅书》中说过：

> 衲尝谓拜伦足以贯灵均（屈原）、太白，师梨（雪莱）足以合义山、长吉，而莎士比亚、弥尔顿、田尼孙，以及美之郎佛劳诸子，只可与杜甫争高下，此其所以为国家诗人，非所语于灵界诗翁也。

苏曼殊之所以尊奉拜伦和雪莱为"灵界诗翁"，而把莎士比亚、弥尔顿、杜甫等大家贬低，也是对拜伦、雪莱等人那种狂放不羁、追求自由的强烈个性的仰慕。

苏曼殊所接受的外来影响是非常明显的。虽然他的诗歌大多是七绝，体裁形式比较单一，诗中虽用典故，但从不取自西洋，诗中也没有夹杂除了佛教术语以外的外来词语，他诗歌中呈现出来的让人耳目一新的气质，浪漫而自然天成。柳亚子先生曾这样评价过：苏曼殊的诗有"一脉清新的近代味"，而这清新味和近代性，"大约是他译外国诗后所得的好处"。柳亚子先生还指出，苏曼殊的诗好就好在"完全是自然的流露"。他的诗作，不像我国很多古典诗歌那样含蓄蕴藉地表达感情，而是大胆地直抒胸臆，表达自己的真情实感。比如"海天龙战血玄黄，披发长歌览大荒。易水萧萧人去也，一天明月白如霜""碧玉莫愁身世贱，同乡仙子独销魂。袈裟点点疑樱瓣，半是脂痕半泪痕"这样的诗句，不论是宣扬革命，还是歌颂爱情，苏曼殊都能够打开思想的闸门，任由感情肆意自由地奔腾宣泄，他的鲜明个性也由此凸显出来。苏曼殊诗作中对于传统审美观的反叛和挑战，与拜伦等西方诗人的创作风格非常接近。他崇尚个性，自由抒发强烈的主观感情，直率地表达对理想的热烈追求。

苏曼殊聪颖敏感，有着很高的才学和文化素养，他通晓多国语言，对佛学有很深的造诣，尤其擅长绘画。他个性率真，章太炎就曾说他是"老氏所谓婴儿也"。但由于身世和家世的原因，他一直以来瘦弱多病，在混乱的世间漂泊不定，可是他的内心又有着超出他身心健康范围的更多的要求。他要革命，要追求独立人格，要与污浊的现实做斗争，求佛，又要入世，要恋爱，要留情，这种种的冲突和矛盾的背后，是诗人锐利的眼睛和真切的用心，他把握住了那种一瞬即逝的、未经雕饰的美，而且把他的才情和托钵飘蓬又遗世独立的形象展现在他的诗歌中。

在中国近代诗坛，苏曼殊以其所处时代的道德、哲学、美学等观念为创作基础，通过融合中外浪漫主义精神所形成的这种凄艳清婉、直抒性情和透脱自然的新诗风，是自成一体的，它不仅为清末民初诗坛带来了一股拂面的清风，也对当时的诗坛产生了积极的影响。虽然，就艺术方面来说，苏曼殊的诗歌还显得相当稚嫩，在审美表现上也还缺乏较高层次上的完善，尤其是在形式的革新上还留有明显的遗憾，但在语言、意象、意境、风格等方面所体现的种种创新，却是弥足珍贵的。它不仅带给了人们许多美的享受，而且加速了中国诗歌现代转型的进程。

除了诗歌创作以外，外国文学对苏曼殊的小说创作也产生了深远的影响。苏曼殊的《断鸿零雁记》《天涯红泪记》《绛纱记》《焚剑记》《碎簪记》和《非梦记》等6部小说，都寄寓了他对美好爱情的追求，与反动统治阶级的抗争，以及对封建道德的控诉。这种反封建的主题和具有反抗精神与叛逆性格的风格，同西方积极浪漫主义文学高度吻合，都渗透在苏曼殊的小说中。

苏曼殊的小说还在某种程度上受到了日本近代文学的影响。

虽然他不喜欢说日语，不翻译日本的文学作品，但或多或少的，或者说不自觉的，他的创作还是受到了日本文学的影响。首先是日本文学本身。日本的明治维新时期曾经大量输入西方文学，苏曼殊在日本前后生活达 10 年之久，肯定会接触日本文学。其次，苏曼殊小说中的材料来源和情节，很多都与他的生活经历息息相关。比如他的第一部小说《断鸿零雁记》，就明显来源于自己的生活和经历。日本近代文学中大量存在着第一人称的自传体小说。比如，森鸥外的优秀作品《舞姬》、岛崎藤村的《破戒》、田山花袋的《棉被》等，都发表于 19 世纪末 20 世纪初，这些作品拉开了日本自传体小说创作的序幕，都是震惊日本文坛的优秀作品。像这种着力描写作家个人的生活体验和情绪感受的作品，是苏曼殊十分喜爱的，因此，其作品与之的关联也是不言自明的。

但有一点需要说明的是，苏曼殊的创作虽然受到了日本自传式小说的影响，但他并没有去机械地模仿搬运，而是有所超越。在苏曼殊的作品里，他叙写了他自己的生活经历和体验，但又不局限其中。他在小人物的生活里安排了大场景，他的诗文和小说中的情爱和其他经历，都被有意识地放在了一个广阔的社会政治背景之下，而这正是日本自传式小说所缺乏的。当然，苏曼殊的作品也有不少缺点，如反映的生活面比较狭窄，思想深度不够，形式较为单一等等，但是，苏曼殊所宣泄的自我情感和个人体验，都是反映社会生活的镜子，是时代脉搏强烈跃动的音符。

总的来说，作为一个英年早逝的文学人，苏曼殊在艺术上有如此造诣，在近代文学史上确属比较罕见。他的诗和小说，在当时和对后世都影响很大，尤其是当时在彷徨中找不到出路的知识分子，更是非常容易接受他的诗文和小说中所流露出来的情调。虽然他的诗文和小说中，还存在着这样那样的不足，但这是历史的局限和个人的经历所导致的。要之，作为才情和勇气兼具的文人学者，苏曼殊值得在我国近代文学史上记录隆重的一笔。

第四章
画　僧

　　苏曼殊是个绘画天才，儿时在日本"绘狮子频伸状，栩栩如生"，四五岁时画什么像什么，人们都称赞他有凤根。六岁时，嫡母黄氏及玉章祖舅带他坐船回广东。在船上时，他跟人要了铅笔和纸，画了一艘大船，画完拿出来一看，简直和他们所乘的那艘大船一模一样。《太平洋报·文艺消息》曾登载："曼殊于前日东渡省母，临行，画纨扇十余柄，分赠朋侪，留作纪念。曼殊之画，高寡淡秀，不似食人间烟火者。顾平生颇矜重，不轻为人作，宜得之者珍重视之也。"郑桐荪在《致柳无忌函》中回忆说："苏曼殊的画亦丰神绝世，惜不多。彼亦不肯画，视征画为一苦事。我们同离安庆那一天，易白沙强觏其作画，彼曾画了小幅四五张，落笔极迅速，数十分钟即毕一幅。"克士在《四极漫谈》中记叙苏曼殊绘画之事："友人某与曼殊素称莫逆。一日，曼殊至其家，其子方八九岁，嬉皮顽脸，求曼殊为画图画，取草纸一张，铺敷桌面，复以大笔濡染墨汁而至，其势似客非画不可。曼殊乃为之濡墨笔，画《葡萄》一幅，枝藤夭娇，垂实累累，墨气满纸，淋漓酣畅，以视吴昌硕作品，殆有过之。"

　　苏曼殊的画萧散淡远，格调不凡。前人评论他的画"空灵清幽""潇洒疏淡""如不食烟火人，另具一骨相""清秀高雅，像充满哲学味的诗篇"，所有这些，其实是因为他骨子里是一名僧人。

他的画意境深邃，亦禅亦哲，亦庄亦谐，回味悠长，欲说还休，正是"狂僧已怛化，留迹动悽恻。破碎写江山，是泪还是墨"（赵藩《题曼殊画册》）。黄永健在《曼殊上人妙墨册子》中说："整个画册合在一起的整体印象是一个以泪和墨的现代禅僧在一个古老的文明摇摇欲坠的危世里所遗留下的参禅证佛的墨迹泪痕。"

一、画禅参得十分寒

狼藉莲池墨一丸，画禅参得十分寒。

南宗已去维摩老，风雨秋堂忍泪看。

这是王蕴章《己未九月题曼殊画册》中的一首诗。苏曼殊的画，是从浓浓禅风中吹来的无言之诗，清新拂面，意境高远，沉思睿智，大有郊寒岛瘦之遗风，称他为画僧，正是因此而来。在苏曼殊的绘画作品中，僧人形象（孤僧、双僧、僧俗同处等）、寺庙浮图以及与禅佛相关地点的绘画，占据了相当大的部分。仅就《曼殊上人妙墨册子》中的22幅作品来说，就有17幅出现禅佛名相，14幅出现僧人形象，13幅出现孤僧形象。

僧人作画，古已有之。唐代会稽（今浙江省绍兴市）著名的画僧道芬擅长画山水、松石，常常在江南一带为寺院创作壁画。诗人顾况曾作《嵇山道芬上人画山水歌》夸赞道芬的画，将道芬和当时著名的山水画大家李昭通、朱审等相并论：

镜中真僧白道芬，不服朱审李将军。

渌汗平铺洞庭水，笔头点出苍梧云。

且看八月十五夜，月下看山尽如画。

据张彦远《历代名画记》、夏文彦《图绘宝鉴》等书载，道芬画画的时候非常投入，几乎到了废寝忘食的地步，最后竟然在画

《钓台江山图》时，疲劳过度而死，把生命献给了他热爱的绘画事业。唐代诗人徐凝作《伤道芬上人》，对道芬以生命作画的精神进行了讴歌：

> 百年驰驱百年寿，五劳消瘦五株松。
> 昨来闻道严陵死，画到青山第几重！

据释赞宁的《高僧传》（三集）记载，比道芬生活年代稍晚一些，还有一位著名的画僧叫智晖，俗姓高，陕西人，是洛阳中滩浴院僧人，诗画俱佳，尤其擅长山水画，常常乘兴作壁画，画的最好的是小幅山水。他对道芬非常仰慕，经常感叹自己没有和道芬生活在同一个时代，不能当面向他求教，否则他的山水画的成就会更高。

中国画自古有南派和北派之分：南派重视一气呵成，让人体会到快速运笔的节奏感，有人认为这一派是唐朝吴道子和王维所创立的；北派则是李思训所创立，重视金碧朱红，工笔细描，辉煌大气，富贵端庄，画面细腻，富有质感。至宋代，苏轼创造了中国文人画。文人画讲求气韵的生动，着重表现文人士大夫超凡脱俗的精神理念，在绘画上讲究用简洁明了的笔法来体现文人特有的艺术情趣，取材范围非常广泛，传统中国画最基本的三种绘画形式（山水画、花鸟画与人物画）都能够用文人画风雅的绘画方式描绘出来，并在适当的时候能兼容并蓄的体现在一幅画面当中。明代董其昌最早对"文人画"做出了专业的论述，他提出画家要"读万卷书，行万里路"，并且有《画旨》《画眼》《画禅室随笔》等画论传世。在董其昌的影响下，明代崇尚文人画风的画论相继出现，这就是重视士气，重视学问，重视创作个性，重视画家性情的抒发。文徵明著有《文待招论画》，强调重视画家的气质、胸次在绘画中的作用，要求"作家士气咸备"。屠隆著有《画笺》力倡"天趣"："评者谓士大夫画，世独尚之。盖士气画者，乃士

林中能作隶家。画品全法气韵生动，以得天趣为高。"即重视"士气"，重视画家的抒情寄兴作用，要求"能以画寓意"。王穉登著有《吴郡丹青志》一卷，属画史传、品评之作，录元季至明中叶吴郡画家凡二十人，分神、妙、能、逸法及遗者、栖旅、闺秀等名目，强调绘画要"有画学，有画胆"，而且"兼渔古人之精神"，以之创作绘画的"韵致"。李日华要求"绘事不必求奇，不必循格，要在胸中有吐出"。陈继儒著述颇富，有《书画史》《眉公秘笈》《书画金汤》《妮古录》等，《妮古录》主要谈论书画，评论赏鉴，他认为绘画应该反映绘画对象的意气，表现画家的才力学识，他重视画家特定的人品、胸怀、气质的自然表露，把"多文"与读"万卷书"作为能绘画与绘画不俗的条件。

苏曼殊的画，就是典型的文人画。刘师培的妻子何震曾拜苏曼殊为老师，1907 年，她把苏曼殊的画结集为《曼殊画谱》，在这本书的《后序》中说："吾师于惟心之旨，既窥其深，析理之余，兼精绘事；而所作之画，则大抵以心造境，于神韵为尤长。举是而推，则三界万物，均由意识构造而成。彼画中之景，特意识所构之境，见之缣素者耳。此画学与惟心论相表里者也。因汇为画谱，先将第一集开印，余俟续出。"这里明确指出了，苏曼殊的画是他本人心境的外化，不以形似见长，而是以画表意。苏轼曾说"论画以形似，见与儿童邻"，在一幅画里，画家画的是精神，而不是外形。比如，画家在画春天的树林时，不是以描绘树干的挺拔和树芽的稚嫩为目的，而是要捕捉那看不见的"春意"或"春思"。这正是苏曼殊的画所追求的。他在 1907 年 7 月 24 日的《天义报》上发表了《画谱自序》：

　　昔人谓山水画自唐始变，盖有两宗，李思训、王维是也。（后称王维画法为"南宗"，李思训画法为"北宗"。又分勾勒、皴擦二法：勾勒用笔，腕力提起，从正锋笔嘴跳力，笔笔见骨，其性主刚，故笔多折断，此归北派；皴擦用笔，腕力沉

坠，用惹侧笔身拖力，笔笔有筋，其性主柔，故笔多长韧，此
归南派。)

　　李之传为宋王诜、郭熙、张择端、赵伯驹、伯骕，及李
唐、刘松年、马远、夏圭，皆属李派；王之传为荆浩、关同
(一名种，又作童，《宣和画谱》作仝)、李成、李公麟、范宽、
董元(一作源)、巨然，及燕肃、赵令穰、元四大家，皆属王
派。李派板细乏士气，王派虚和萧散，此又慧能之禅，非神
秀所及也。至郑虔、卢鸿一、张志和、郭忠恕、大小米、马
和之、高克恭、倪瓒辈，又如不食烟火人，另具一骨相者。及
至今人，多忽略于形像，故画焉而不解为何物，或专事临摹，
苟且自安，而诩诩自矜者有焉。明李流芳曰："余画无师承，
又不喜规摹古人，虽或仿之，然求其似，了不可得。夫学古人
者，固非求其似之谓也。子久、仲圭学董巨，元镇学荆、关，
彦敬学二米，亦成其为元镇、子久、仲圭、彦敬而已，何必如
今之临摹古人者哉?"

　　衲三至扶桑，一省慈母。山河秀丽，寂相盈眸。尔时何震
搜衲画，将付梨枣。顾衲经钵飘零，尘劳行脚，所绘十不一存，
但此残山水若干帧，属衲序之。嗟夫! 汉画之衰久矣! 今何子
留意于斯，迹彼心情，别有怀抱。然而亡国留痕，夫孰过而
问者?

　　佛灭度后二千三百八十三年，粤东慧龙寺曼殊。

　　苏曼殊的画论不多，在这篇《画谱自序》中，他对当时画界
"多忽略于形像"和"专事临摹"的弊端表示了不满，并认为这就
是导致"汉画之衰久矣"的直接原因，这与苏轼"论画以形似，
见与儿童邻"的绘画观可谓异曲同工。他提倡以画表达"心情"，
抒发"怀抱"，以传神之笔展示禅意，将国画的技法与禅法宗风融
为一体，将内心的悲悯自怜与放旷浩然融于泼墨写意。比如《吴
门闻笛图》《参拜衡山图》《白门秋柳图》等画作中，就常常出现

一位游历千山万水之间的行脚孤僧的形象。画面致力于营造一种空蒙混沌的境界，万象溟化，空诸色相，似乎是对人生和佛道以空破执的昭示。

《参拜衡山图》 苏曼殊绘

这在他的《参拜衡山图》里表现得尤为明显。有人将这幅画比喻为禅宗史上的《富春山居图》，实不为过。从表现技巧上看，此画采用高远构图技法，使用窄长立幅来凸显山势的高耸险峻，通过画面较大的留白或略微的点缀来衬托岩峰的险峻和灵秀。画面中，一条蜿蜒崎岖的小路上，行走着一位孤寂云游的僧人，虽不着一字，但已经将一位参禅的老僧形象烘托了出来，山势的陡峻与悠闲的老僧形成鲜明的对比，萧散恬淡的禅情佛意尽现。这种寓禅意于绘画的深意，可在他的《参拜衡山图·跋语》中识得一二："参拜衡山，登祝融峰，俯视湘流明灭。昔黄龙大师登峨眉绝顶，仰天长叹曰：'身到此间，无可言说，惟有放声恸哭，足以酬耳。'今衲亦作如是观。入夜，宿雨华庵，老僧索画，忽忆天然和尚诗云：'怅望湖州未敢归，故国杨柳欲依依。忍看破国先离俗，但道亲存便返扉。万里飘蓬双布屦，十年回首一僧衣。悲欢话尽寒山在，残雪孤峰望晚晖。'即以此画赠之。"禅画赠僧人，并非一时应景之作，而是源于他长期生活的积淀。

何震在《曼殊画谱·后序》中评论他的画说："古人谓境能役心，而不知心能造境，境由心而生，心之用无穷，则所造之境亦无极。如绘画一端，古代皆以写象为工，后始有白描山水，以传神擅长。其所以易写象为传神者，则写象属于惟物，而传神近于

《寄邓绳侯山水图》　苏曼殊绘

惟心。画而出于白描，此即境由心造之证也。吾师于惟心之旨，既窥其深，析理之余，兼精绘事；而所作之画，则大抵以心造境，于神韵为尤长。"他的画明显受到清初"四大画僧"，即石涛、弘仁、髡残与八大山人的画风影响：僧人在画面中所占比例较小，以大幅的留白表现宇宙的空旷，把参拜的虔诚无限放大，避俗自逸的禅性肆意蔓延。但苏曼殊的禅画又不拘泥于原有僧人画的技法，在继承古法的基础上进行了大胆的创新，用墨上从清淡变为枯纵，描绘景物从轻笔点染变为掺入部分细笔写实，从单纯以夸张方式突显画面主题到兼顾画面比例等等。苏曼殊的画以山水居多，画中多峰峦、危岩、孤松、垂柳、残月，以及荒凉的城垣、幽远的庙宇、村边的茅屋、山间的断桥等意象；有时也加上一位怡然的渔翁、一匹嘶鸣的骏马，给画面增添一股生气。萧索的意象，配以些许的生机，体现了他对空灵平淡、不着一字尽得风流的境界的追求。

若以题材而论，苏曼殊的僧画大致可以分为四类：

一是描绘在世俗与佛门之间挣扎的灵魂。

比如《参拜衡山图》，这幅画作于1903或1904年，是苏曼殊游衡山时画的。当时他刚刚远赴印度、暹罗、锡兰等地研究佛学回国不久，在长沙实业学堂任教，"日闭居小楼，少与人接见，喃喃石达开'扬鞭慷慨莅中原'之句，并时作画而焚之"，"忽一日，

手筇杖，着僧装，云将游衡山，则飘然去矣"。也是在同时期，他翻译了《悲惨世界》，发表了《女杰郭耳缦》，鼓吹西方的民主思潮和无政府主义。这是他思想极为激进的时期，他理想主义高涨，怒斥媚外丑行，甚至打算枪杀康有为，即使以僧人自居，也抱持出世之情怀做入世之事，与弘一法师一样"念佛不忘救国，救国不忘念佛"，有大我精神。有人说，这幅画是苏曼殊根据天然和尚的诗"忍看国破先离俗，但道亲存便返扉。万里飘蓬双布屦，十年回首一僧衣"作成的。这其实正是苏曼殊自己心境的写照。一边是对佛门的向往，一边是对世俗的牵挂，苏曼殊自己就是画中人，画的是景，表现的却是那颗无所归依的心。

二是表达钟灵淡远的禅气，比如《秋思图》。

《秋思图》　苏曼殊绘

《天义报》是张继、刘师培、何震等于 1907 年 6 月 10 日，在日本东京创办的半月刊，"以破坏固有之社会，实行人类之平等为宗旨。于提倡女界革命之外，兼提倡种族、政治、经济诸革命"，后来主张"抵抗世界一切之强权，颠覆一切现今之人治，实行共产制度"，并曾刊载《共产党宣言》的部分译文。这幅画最早刊发在 1907 年 7 月 10 日的《天义报》第三期上。此画发表时，其题"秋思图"三字，以铅字排印在画的下面，但在"目录"中印的却是"名画之二《邓太妙秋思图》，曼殊笔"十三字。这里提到的邓太妙是明代美女，她与丈夫三水文翔青并有文采，夫妻酬唱，争先斗捷。后来其夫病故，太妙为文以祭，叙致详悉，关中文士，争传写之，有《嘉林阁集》。画面中她独立于秋夜，愁肠百结，似在追想丈夫在世时的幸福情景。实际苏曼殊是以此描绘自己的心境：反清不成，流浪他乡，什么时候才能实现我的理想？是继续热血报国，还是从此遁入佛门？此画意境隽永，富含哲理，画面清秀，钟灵之气，扑面而来。正如文公直在《曼殊大师传》中所称赞的："曼殊之性情，过于狷洁，过于明白，故不为混浊之时代所容。……如孤芳自赏之菊花，如出泥不染之莲花，如傲雪冲寒之梅花，如幽香淡雅之兰花。……其遗留于世间之画件，无不涵有其清静澹雅之特点，不袭前古，不随流俗，与其文章同具卓然不群、遗世独立之超然精神……其风格之迥殊、意境之深邈，直透纸背，深入腠理。高标其独出之作风、自创之宗法，使人一见而知为曼殊大师之作品，绝非他人所可企效。"

三是表达"菩提本无树，明镜亦非台，本来无一物，何处惹尘埃"的禅意，比如《孤山图》。

这幅画原刊于 1907 年 6 月 25 日的《天义报》第二期上。原题为"近时名画粤东新会慧龙寺曼殊比丘笔"，是苏曼殊留居日本东京时期的作品。画题自称比丘笔，可见他意在以此画来表达禅理哲思。画跋为："闻道孤山远，孤山却在斯。万方多难日，一坞独栖时。世远心无碍，云驰意未移。归途指邓尉，且喜夕阳迟。孤山非自，邓尉非他；遍此法界，达摩羯逻。曼殊。"一句"孤山非自，邓尉非他；遍此法界，达摩羯逻"明确道出了此画作的深意，诗中所称达摩羯逻，即比丘的名字。孤山是杭州西湖中的一座小山，孤峰独耸，秀丽清幽，苏曼殊曾多次到杭州游玩，非常喜爱这里的湖光山色，他去世后即被友人安葬于此。邓尉是江苏吴县（今江苏省苏州市境内）西南七十里处的一座山，也是著名风景胜地，前临太湖，山上多梅花，花开时香闻数十里，也是苏

《孤山图》　苏曼殊绘

曼殊极其喜欢的一个地方，他曾经在爪哇国写下"遣归故国邓尉山，容我力行正照"，在病重期间，还写过"尽日静卧，四顾悄然，但有梅影，犹令孤山、邓尉入吾魂梦"的句子，可见他对邓尉山的喜爱简直到了魂牵梦绕的程度。画跋中以孤山、邓尉两座他最喜爱的山为喻，指出画里的山既不是孤山，也不是邓尉，只是他最喜欢的景象而已。世间万物，只要心里高兴，不论是远在天边，还是近在咫尺，它就在我的心里，触手可及。苏曼殊的小说《断鸿零雁记》中有这样一段情节：一日，余方在斋中作画……静子注观余案上之画，少选，莞尔顾余言曰："三郎幸恕唐突！……今吾三郎得毋写崖山耶？一胡使人见则翛然如置身清古之域？此诚快心洞目之观也。……昔人谓画水能终夜有声，余今观三郎此画，果证得其言不谬。"《孤山图》中，一个人骑一头毛驴游走在西湖之畔，眼前的美景与心中的美景合二为一，这景是实还是虚，是真还是幻，真让人沉醉其中。俞锷曾写诗赠给苏曼殊，称："檀林梵唱落云烟，闲画髻陀缥缈仙。愿乞如来智慧剑，割将蓬岛散花天。"应当说，他是比较能够理解苏曼殊心境的人之一。

127

四是表现对遁入空门、追禅而去的向往。

这幅画《白马投荒图》原刊于 1908 年 1 月出版的《文学因缘》中，画跋云："甲辰，从暹罗之锡兰，见崦嵫落日；因忆法显、玄奘诸公，跋涉艰险，以临斯土，而游迹所经，都成往迹。予以絷身情网，殊悔蹉跎。今将西入印度。佩珊，与余最亲爱者也，属余作图。适刘三诗到。诗云：'早岁耽禅见性真，江山故宅独怆神。担经忽作图南计，白马投荒第二人。'噫！异日同赴灵山会耳。曼殊画，令蔡守书。"暹罗，即今泰国。锡兰，即今斯里兰卡。灵山，是灵鹫山的省称，山在古印度摩揭陀国王舍城之东北，山中多鹫，其形似鹫头，佛教创始人释迦牟尼曾在这里讲《法华经》《无量寿经》。法显是东晋高僧，曾从长安出发，西渡流沙，越葱岭，到天竺求法。玄奘是唐代高僧，曾从长安西行，经姑臧，出敦煌，辗转到达中印度。法显、玄奘到印度取经求法，都历尽艰险，而其志不屈不挠。从题跋可以看出，这幅画表达了苏曼殊皈依佛门的决心。1904 年，苏曼殊曾有过一段到暹罗、锡兰学习佛法的经历，1907 年，他在日本与章太炎送波罗罕回印度，生访问佛教圣地印度之心，而作斯图。

《白马投荒图》　苏曼殊绘

可以说，苏曼殊之画与禅佛有千丝万缕的关系，这绝非偶然。衡山是禅宗南岳法系与青原法系交汇之佛门圣地，石头希迁大师在衡山开创石头禅系后，逐渐衍生出曹洞、云门、法眼三宗。曹洞宗禅法源远流长，声震东亚。苏曼殊是曹洞宗门人，他承嗣曹洞衣钵，来到衡山拜谒祖庭，《参拜衡山图》就是此时的作品。苏曼殊对画有很深的造诣，他从小习画，学贯中西，他对国画的画法精研深透，功底极深。其绘画总体来说可定位为既与传统禅画的笔墨图式有内在传承关系，又有自我独创，"画中有禅（禅僧形象）"的作品虽然融入了写实的成分（主要是僧人形象的准确勾勒），但其画境通禅，其画面中出现的孤僧、寺庙、浮图以及与禅佛有关的地点，都不过是苏曼殊借以以画悟禅的"接引"性意象。如果我们仔细研究一下这些画作，会有一个值得玩味的发现，那就是以僧人为创作对象的画作，画中的僧人绝大部分是背向画面，少数是侧身形象，正面描画僧人相貌的只有一幅，就是《参拜衡山图》。此外，在苏曼殊的绘画作品中，有一些已经超出禅意、禅趣的表现范围，成为禅画，这是苏曼殊对佛教教义的顿悟与阐发。

二、剩水残山一角

一生居无定所、生活困顿，长期浪迹天涯，爱情、事业不顺，这样的境况注定了苏曼殊的生命底色无论如何也绚丽不起来。压抑的情绪和心底的悲伤无处发泄，唯有以作品与生活方式表现出来。柳亚子在《苏玄瑛新传》里称他："循陔之余唯好啸傲山林。一时夜月照积雪，泛舟中禅寺湖，歌拜伦《哀希腊》之篇；歌已哭，哭复歌，抗音与湖水相应。舟子惶然，疑其为精神病作也。"他的诗文、他的小说，无不流溢着沉郁悲凉的感伤，这种感伤在他的画作里更是幽然弥漫。蔡守曾作《题曼殊画——荷叶杯》一诗：

剩水残山一角，寥落，何处辨华夷。

有人凭槛泪交垂。知么知？知么知？

　　诗句虽短，却鲜明地道出了苏曼殊之画的意象特征。中国画艺术源远流长，风格变幻多姿，但万变不离其宗，不论画面是现实的、象征的、变形的，还是抽象的，那最能代表中国画深层哲理内蕴的情感内核，就是画中的意象精神。老子的玄思、庄子的超然、禅学的空灵，是千百年来中国画艺术之灵魂，正如刘勰《神思》所言"登山则情满于山，观海则意溢于海"。如先秦的人物肖像、魏晋的列女图、隋唐的帝王图等，并没有像西方的写实绘画那样，注重对客观世界的捕捉、模仿，力求符合视觉特征的真实性，而仍然鲜明地透露着意象性造型的特征，这一特征在山水画里表现尤为明显。王维在《山水论》中说"凡画山水，意在笔先"，苏轼说"画竹必先得成竹于胸中"都是在说明意象的重要性。这些意象并不一定是真实的视觉或者知觉的感应，也不一定符合现实的规律，它用在画中只是表达画家的一种内心的情感，是画家心底情愫的表露。苏曼殊的画作，其画面意象多是"剩水残山一角"的萧索意象，如浩渺的烟波、凄凉的雁阵、斑驳的枯树、破败的城墙、荒凉的山野、孤寂的冷月、肃杀的垂柳、嶙峋的峭壁、孤独的小舟、山间的断桥、黯然无色的巨石等，营造出孤寂悲凉、凄婉伤感的意境。画面的景象已经由情感过滤，寄寓了积郁良久而无法排遣的伤痛，成为苏曼殊倾吐胸中块垒的载体。画家与画中景物融为一体，正像苏东坡在朋友家墙上自题竹石的那首《郭祥正家醉画竹石壁上郭作诗为谢且遗古铜剑》：

　　空肠得酒芒角出，肝肺槎牙生竹石。
　　森然欲作不可回，吐向君家雪色壁。

　　苏曼殊的这幅《汾堤吊梦图》上是一位僧人坐在一叶孤舟上，面对着眼前的肃杀景象：一条没有出口的崎岖的小路边，立着几

《汾堤吊梦图》　苏曼殊绘

株枝叶稀疏的枯柳，远山若隐若现，天边几片乌云若即若离，一轮圆月冉冉升起，一行大雁正渐飞渐远。正是"雁过也，正伤心，却是旧时相识。满地黄花堆积，憔悴损，如今有谁堪摘?"冷月孤舟、寒水笼纱渲染出的沉郁、幽寂的审美情趣，拨动着读者追思遐想的心弦。柳无忌的《苏曼殊传》中说："曼殊最喜欢的景色是峰峦、危岩、孤松、垂柳和残月，加上荒凉的城垣、远方的宝塔或庙宇、茅舍或断桥，这种阒无人迹的风景"；"他的艺术是如此独特、卓越，观赏起来比任何言语所能形容的都要好。曼殊的画超越了自然和生活的真实，而达到一种现代中国绘画里罕见的空灵的美"。

　　这幅画发表在 1912 年北伐军在上海创办的机关报——《太平洋报》上，画跋："汾堤吊梦图　曼殊为楚伧居士作。"1911 年，辛亥革命成功，清政府被推翻，苏曼殊从他任教之印度尼西亚爪哇急速回国，4 月，抵上海，寓居《太平洋报》社，并供职该报。这幅画即系此期之作品。叶楚伧（1887～1946），江苏吴县（今江苏省苏州市境内）人，笔名小凤、湘君，同盟会会员，南社发起人之一，苏曼殊的友人，当时是《太平洋报》的总编。叶楚伧的祖先是叶绍袁，明朝天启年间进士，官至工部主事，因不满意整天做个小吏，就回到家乡休养，明朝灭亡后弃家为僧。他的妻子沈宜修，女儿叶纨纨、叶小纨、叶小鸾等都是有名的才女。有一天，叶楚伧逛旧货摊时发现其祖叶小鸾的端砚一方，非常高兴，就泛舟汾湖，访祖上午梦堂旧址并叶小鸾茔墓，回来后请苏曼殊作画。据邵元冲《曼殊遗载》记载：楚伧屡嬲曼殊作画，终以疏懒未界。一日，楚伧约曼殊至其画室，案设笔砚、绢幅、菸卷、朱古力糖等如之。曼殊既入，楚伧乃自外下键而告之曰："我已为君具精馔，君趣为我绘，竣事则我将启户饮君，否则终不出君矣。"苏曼殊无可如何，则振笔作画。越时许，叩户呼曰："亟出我，绘已竣矣。"这幅画就是《汾堤吊梦图》。

苏曼殊的画萧散淡远，当时名声很高，但颇难求。苏曼殊最好的朋友柳亚子，和他相交十多年，在生前都没有得到他赠的画作。邵元冲的《曼殊遗载》记载：有个人想请苏曼殊作画，听说叶楚伧得画之事后，也想效仿叶楚伧的做法。苏曼殊也不推辞，落笔绘一老树一月。这个人以为得逞，高兴地对苏曼殊说："我将以糖果饷君。"说完就到楼上拿糖果去了，等他下了楼，才发现苏曼殊在老树和月亮周围画上了黑黑的曲线。这个人怒气冲冲地质问苏曼殊说："你这是干什么？"苏曼殊不紧不慢地回答说："这是'金绳系月'，你不懂。"把求画的人气得拂袖而去，再也不跟苏曼殊来往了。相传当时的上海市长张岳军极慕苏曼殊的山水画，屡以为请，但一直未得。后得知苏曼殊嗜朱古力糖，便买来送与苏曼殊。时间久了，苏曼殊知道了他的意思，笑说："君岂欲得余画耶？不然，胡以日破悭囊也？"于是苏曼殊作了一小幅画，画中远山新月，疏柳寒鸦，极惨淡苍茫之至。张岳军非常高兴，道谢不已。苏曼殊笑曰："未也！"忽然用笔从斜月至柳梢画了一道长线，掷笔起身说："月上柳梢头，人约黄昏后。此真绝妙画境也。"张岳军急忙制止，但已经来不及了。

物以稀为贵。对市长都不买账的人，他的画可见弥足珍贵。所以《汾堤吊梦图》画成后，叶楚伧视之为瑰宝，和苏曼殊一醉方休，还送给苏曼殊一床豹皮褥子。苏曼殊去世十年后，叶楚伧还时不时把这幅图拿出来反复展玩，感慨得之不晚，赋诗道："池上人寻午梦，画中月罨孤坟。难得和尚谢客，坐残一个黄昏。"一句"难得和尚谢客，坐残一个黄昏"，欣喜之情溢于言表。

林语堂先生讲："艺术上所有的问题，都是节奏的问题，不管是绘画、雕刻、音乐，只要美是运动，每种艺术形式就有隐含的节奏。甚至在建筑，一个哥特式的教堂向高处仰望、一座桥梁横跨、一个监狱沉思。从美学上看，甚至可以论人品而说'猛冲''疾扫''狂暴'，这都是节奏概念。"他认为，"美是运动"或者说"美感便是律动感"，这种观点发展成为中国绘画史上至高无上的原理。结构越单纯，就越能消除所有与作者想表达的思想毫不相干的景物，表现律动美就越容易。

苏曼殊的画即秉承了这一理念，他的画尽得八大山人的真谛。八大山人在《山水图册》中写道："郭家皴法云头小，董老麻皮树上多。想见时人解图画，一般还写宋山河。"我们看八大山人的画，不论是一只鸡、一条鱼还是一只鸟，八大山人都力求用最少的线条、最少的墨，表现最多的内容，作品夸张又不失精确，笔法老辣，墨色淋漓。他完成一幅画，不过寥寥几笔，用时不过几分钟，笔走龙蛇，气韵节奏之美宛然可见。

苏曼殊的画也是高古淡远、韵律赫然。马仲殊的《曼殊大师轶事》记载："曼殊善绘事，每于清风明月之夜，振衣而起，匆卒间作画。既成，即揭友人之帐而授之。人则仅受之可耳；若感其盛意，见于言词，语未出口，而曼殊已将画分为两半矣。"张卓身的《曼殊上人轶事》记载："忆自戊申之秋，与予同寓东京小石川智度寺……偶值寒风凛冽，雨雪载途，人皆围炉取暖。曼殊独自踽踽，出游山林旷野之地；归则心领神会，拳拳若有所得，乃濡笔作画。其画，山明水秀，超然有遗世独立之慨。然亦不多作，

133

兴至则作之。"

《吴门道中闻笛图》1908年刊于《文学因缘》，画跋："癸卯，入吴门，道中闻笛，阴深凄楚，因制斯图。曼殊。在昔有亡人，吹箫而乞食。卿缘底事悲，旗亭抚寒笛。倾城题。"吴门即苏州。苏曼殊此前在日本学习，当时的生活来源主要靠他的表哥林紫垣供应，林紫垣知道苏曼殊积极参加革命活动后，担心万一出了事没法向他的父亲交代，就劝他不要再参加革命了。以苏曼殊的性格，怎么能听得进去劝说？他表哥一看软的不行，就来硬的，直接断绝了他的经济来源，逼他就范。苏曼殊被逼无奈，1903年秋，乘日轮"博爱丸"回国。途中，因壮志难酬，思想压抑，曾撰伪遗书，声言船到上海，即投海自尽。回国后，他到苏州丁香巷吴中公学，任英文及体操教员。此图表现的就是这个时期他的凄楚心情。画面中独行于湖堤的骑驴者、浩渺无际的湖水、远处高耸的孤塔、近处低矮的茅亭，再加上缠绵悱恻、如泣如诉的哀怨笛声，使悲戚之情扑面而来。

1971年，包天笑看到此画感慨万千，题词曰："曼殊骑驴入苏州，柳色青青笛韵幽。卸却僧衣抛去笠，偏教遗墨作长留。渡海东来是一癫，芒鞋布衲到姑苏。悠悠六十年前事，忆否《儿童扑满

《吴门道中闻笛图》　苏曼殊绘

图》？曼殊初到苏州，在辛亥之前。今又辛亥年矣。忆在吴中公学社楼上，为我画《儿童扑满图》之使，而寓意殊深，惜已遗失。今观此图，如见故人。均量先生嘱题。辛亥初秋，天笑，时年九十六。"章士钊也在 1961 年为此画题词："张楚狂潮六十年，入吴风味溯从前。故人遗墨分明在，却忆遗踪总惘然。（癸卯为光绪二十九年，是岁，君与吾不告而别。）一代斯文天纵才，偶然挥洒便崔巍。潇疏几树阊门柳，谁道情僧少作来。（君作此画，年才弱冠。）辛丑春为均量先生题曼殊画幅。孤桐章士钊，时年八十一。"

1912 年冬，苏曼殊从盛泽返回上海，骑驴途经苏州时曾不慎从驴背上跌了下来，闹出一段笑话。王德锺有诗记录了这件事：

> 也曾跨马到苏州，一曲吴娘水阁头。

1913 年 4 月，苏曼殊再次游苏州，还记得这段伤心往事，作诗自嘲：

> 江南花草尽愁根，惹得吴娃笑语频。
> 独有伤心驴背客，暮烟疏雨过阊门。

几年后，他从日本写信给柳亚子，还遗憾地说："计余在此，尚有两月返粤，又恐不能骑驴子过苏州观前，食紫芝斋粽子糖，思之愁叹！"由此揣测，这画中骑着毛驴，戴着斗笠，驻足倾听悠扬笛声的人恐怕就是苏曼殊自己了。陈世强说："《吴门道中闻笛图》中，女子吹笛的委婉情态，使人有'三生花草'之想。"这里"三生花草"出自清人龚自珍的诗句"三生花草梦苏州"，这句诗蕴含着一段凄美的爱情传说。龚自珍在淮阴遇到不知何故沦落风尘的苏州女子灵箫，她的姿色和风度让龚自珍不能自已。两人缠绵了十几天，龚自珍才恋恋不舍地离开清江浦，来到苏州。苏州本是他熟悉的地方，但这次来到苏州他却有了一种特殊的感觉，亭台楼阁，花院朱户，好像都濡满了灵箫的倩影。龚自珍在他的《己亥杂诗》中叹息道："凤泊鸾飘别有愁，三生花草梦苏州。儿家门巷斜阳改，输与船娘住虎丘。"龚自珍回到清江浦，与灵箫小别重逢，温存更倍于从前，灵箫提出要龚自珍为她赎身，这让龚自珍为了难，他只好默默离去，灵箫伤心不已。两个月后龚自珍再到清江浦，灵箫已不知去向。同样的，苏州之于苏曼殊，也是再熟悉不过了，此次回来，那个他精神上一直追求的"美女"在哪里呢？

邵迎武在《苏曼殊新论》中评论这幅画说："在绘画上，苏曼殊使用的是一种溶解万象超入灵虚之境的点线皴法，不凝于形，不滞于物，注重以神韵见长，溶诗心诗境于画境，罄力追求一种无形无迹的韵致。"从绘画艺术上看，作品人物衣纹与树石的勾勒用笔，俨然中国传统画法，而形象的比例、动态，亭子的结构，立柱的透视，以及明暗影调等西洋画法要素，也把握和运用得相当纯熟，中西技法的结合，使得画面的外在意象与内在精神巧妙地结合在一起，虽忧伤满地，却清新扑面。苏东坡论及画的内在精神与外在意象的关系时说：

136

余尝论画，以为人禽、宫室、器用皆有常形，至于山石、竹木、水波、烟云，虽无常形，而有常理。常形之失，人皆知之；常理之不当，虽晓画者有不知。故凡可以欺世而盗名者，必托于无常形者也。虽然，常形之失，止于所失，而不能病其全；若常理之不当，则举废之矣。以其形之无常，是以其理不可不谨也。世之工人，或能曲尽其形。而至于其理，非高人逸才不能辨。与可之于竹石枯木，真可谓得其理者矣。如是而生，如是而死，如是而挛拳瘠蹙，如是而条达遂茂。根茎节叶，牙角脉络，千变万化，未始相袭，而各当其处，合于天造，厌于人意，盖达士之所寓也欤！昔岁尝画两丛竹于净因之方丈，其后出守陵阳而西也，余与之偕别长老道臻

师，又画两竹梢，一枯木于其东斋。臻方治四壁于法堂，而请于与可，与可既许之矣。故余并为记之。必有明于理而深观之者，然后知言之不妄。

苏曼殊的画，在处理形与神的关系时，可谓得其真传。他在画面物象上，多选取孤僧形象，如《渡湘水寄怀金凤图》中的小舟孤僧、《华罗胜景图》中的听瀑孤僧、《松下听琴图》中的抚琴孤僧、《白马投荒图》中的白马孤僧等，仅就《曼殊上人妙墨册子》中的 22 幅作品来说，就有 13 幅出现孤僧形象。孤僧形象的凸显，一方面是为了表白画家自己的僧人身份，时时处处提醒人们他是一个僧人；另一方面，苏曼殊还想以这个特殊的形象表白自己特殊的心迹。孤苦冷寂的生命旅程使苏曼殊的内心苦闷烦躁，精神上的理想家园得不到实现的伤感落寞，正是他画面中孤僧形象的最好诠释。"契阔死生君莫问，行云流水一孤僧。无端狂笑无端哭，纵有欢肠已似冰"（《过若松町有感示仲兄》）是他对自己人生境况的精辟描述，也是对其画面中特立独行孤僧形象的最好注解。

而他胸中最大的块垒无疑是看不到国家的希望，因此，残破的意象充斥于他的画作间。我们来看他的《江山无主月空圆图》。

这幅画 1919 年初刊于蔡哲夫编辑的《曼殊遗画》。福无双至，祸不单行，画这幅画前，苏曼殊经历的打击可谓一个接着一个。1903 年底，苏曼殊任职的《国民日日报》因内讧停办，这给了他很大打击，革命热情很快由高涨走向消沉。震惊中外的"苏报案"中"章太炎、邹容被判终身监禁"的宣判结果，又把苏曼殊推向了绝望的极端——他再次愤而出家。革命所反抗的现实过于强大，以至需要付出惨重的代价，1905 年，邹容于狱中被折磨致死。1906 年，章太炎度过三年囹圄生活后逃往日本。1907 年 3 月，日本政府应清政府要求将孙中山等人驱逐出境。所以在画跋上，苏曼殊说："'花柳有愁春正苦，江山无主月空圆。'写忆翁诗意。"

《江山无主月空圆图》　苏曼殊绘

忆翁是指南宋末年爱国文人郑思肖。南宋亡国以后，他写了很多追忆南宋的诗，画兰花再也不画土。有人问他为什么这样做，他回答说："土地都被番人夺去了，你难道到现在还不知道吗？"临死前，他嘱咐朋友为他在牌位上写"大宋不忠不孝郑思肖"，说完就驾鹤西去了。苏曼殊明确地说，他以这幅画写忆翁诗意，以空旷寂寥的画面表达亡国之恨。他这类的画作还有不少，姚锡钧看过这类画作，并为其题诗："烟水微茫意不胜，疏鸦残月点吴绫。料知枯坐含毫处，海雨天风集一灯。"

苏曼殊为数不多的英雄人物画，也充满了难以遮掩的英雄壮志未酬、无力回天的悲凉。面对中国古代的专制统治和许多人甘做"洋奴"的社会现状，他期待有报国之志的英雄人物出现，这在 1903 年苏曼殊译著的《悲惨世界》中即有表达。1907 年 4 月，在日本与章太炎相遇的苏曼殊参加了同盟会机关报《民报》的工作，为配合章太炎发布的《讨满洲檄》，他在《民报》增刊《天讨》上发表了《猎狐图》等五幅作品。

这幅《猎狐图》载于 1907 年 4 月 25 日的《民报·天讨》，画跋："东方豸种，为貉为胡。射夫既同，载鬼一车。"跋为章太炎所题。作为一幅狩猎图，此图山岩陡峭，枯枝虬张，画中英雄张

弓欲射，狐狸仓皇逃窜，非常有气势，给人以慷慨激昂、荡气回肠之感，危陡的山崖、深深的沟壑、茫茫的烟水，又衬托出英雄人物的悲情人生，给人留下难以言说的隐痛。

林语堂说："中国的艺术家是四处游历，遍访名山"，"他们的精神深深地沉浸在山水和其他自然物象之中"，

《猎狐图》　苏曼殊绘

"旷其胸襟"，"融人类的最佳文化和自然的最佳精神于心底"，所以，能够创造出以"平静与和谐"为特征的"中国艺术"，"中国的艺术作品鹤立于人类最佳精神产品之林"，"堪能对世界文化作出永久的贡献"。苏曼殊的画作，当之无愧。

139

三、佛心本多情

> 佛心本多情，辞俗情犹扰。
> 底事最关情，亡国情难了。
> 在昔有亡人，吹箫而乞食。
> 卿缘底事悲，旗亭捩寒笛。

这是苏曼殊的女弟子张倾城的《题曼殊师画册》诗，全诗共40个字，却用了四个"情"字评价苏曼殊的画，可见情字之于苏曼殊画的重要。自古至今，情与史是中国文学永恒的主题，而和尚与女人之间的情，则尤能博得世人的好奇心。据传说，宋代灵隐寺有个叫了然的和尚，经常到妓院寻花问柳，爱上了一个叫秀

杭州灵隐寺前飞来峰菩萨造像

奴的妓女，三天两头去找秀奴偷欢，结果不长时间就把兜里的银子花了个一干二净。一看了然和尚没有钱成了穷光蛋，秀奴便不再搭理他，弄得了然天天以泪洗面、借酒浇愁。有一天晚上，他喝得酩酊大醉，去找秀奴吃了个闭门羹，恼羞成怒的他闯进妓院，手起刀落把秀奴杀了。当时苏东坡在杭州做通判，负责审判这个案子，他发现了然和尚一只胳膊上竟写着一副对联："但愿同生极乐国，免教今世苦相思。"苏东坡有

140

感而发，把判决书写成了一首词：

> 这个秃奴，修行忒煞，云山顶上空持戒。只因迷恋玉楼人，鹑衣百结浑无奈。
>
> 毒手伤人，花容粉碎，色空空色今安在，臂间刺道苦相思，这回还了相思债。

但苏和尚与女人的关系，却与了然和尚大不相同。南怀瑾的《中国佛教发展史略》记载："在民国初年以迄现在，由章太炎先生与'南社'诗人们烘托，擅长鸳鸯蝴蝶派的文字，以写作言情小说如《断鸿零雁记》等而出名，行迹放浪于形骸之外，意志沉湎于情欲之间的苏曼殊，实际并非真正的出家人。他以不拘形迹

的个性，在广州一个僧寺里，偶然拿到一张死去的和尚的度牒，便变名为僧。从此出入于文人名士之林，名噪一时，诚为异数。好事者又冠以大师之名，使人淄素不辨，世人就误以为僧，群举与太虚、弘一等法师相提并论，实为民国以来僧史上的畸人。虽然，曼殊亦性情中人也。"苏曼殊三次为僧，却从未断了与女人的情缘。他曾经登报声称专为年轻女性作画，其他概不接待，亲朋好友，各宜自尊。他的诗、他的小说、他的画，都离不开对女人的相思，而以画作表现得尤为突出。文涛的《苏曼殊的怪性》中记载：

> 大师很喜欢女人，最喜欢给女子画画，真所谓有求必应。——不，有时简直是毛遂自荐："某某，我给你画画好不好？"故一般漂亮女子见大师一到，即喊："苏和尚，给我画画。"苏曼殊即笑眯眯地答应一声："嘎！"提起笔来就画。至如男子，若求他的画，那是要命，不要说是一个向不往来的要求一方一尺而不可得，就是素相知交的，恐怕也要今天挨明天，一天一天地挨延下去，或许终于不可得。但有一种法子可以得到：你如其看到他已经画好的东西，你只要说一声："苏和尚，这画我拿去了！"你拿之就走，他也默不作声；这是最便利的一种法子。还有一种法子，也可以得到大师的画，不过机会很难遇的。比方今天忽然下雨，下倾盆的大雨，那你先磨好墨，摊好纸。他还是来看看桌上的纸，去看看门外的雨，总要真个下得他实在不能出门了，方始给你画起来。但切记，你要画，切不可说要画；若说要画，他一定是写字的。总而言之，大师的画，在女性则贱若泥沙，在男性则贵若珠玉，从不肯爽爽快快地给男性作画。他爱画日本妇人的发髻，常常以妇人的发为模特，用带在身上的纸边走边画。他画上配的字也颇有美女风味，多是绝细的蝇头小字，清秀隽永。他喜欢与美妙少女一起嬉戏玩耍、喝酒逗乐，所以他

的画也有浓浓的脂粉气。他自己对这一点毫不避讳，在作品中屡屡对自己光头袈裟的形象顾影自怜，像"恨不相逢未剃时""禅心一任蛾眉妒"的内心表白，以及临风洒泪、孤独飘零的多情苦行僧形象，都显示着宗教与爱欲的冲突。

好与女子亲近，是苏曼殊性格的一个突出特点，过早失却生母的爱抚与家庭的温暖，对苏曼殊刺激极深，他对异性的情感既有对母爱的渴望，也有肌肤之亲的幻想。据传说，苏曼殊画画时要让一个娇艳女郎立侍在旁，兴致来了，就蘸取女郎唇上的朱红作为颜料。他早年喜欢到化妆品店买各式各样的胭脂水粉送给和他相熟的本家妹妹。等到年龄稍大一些，这个性格特点就表现得越加突出。在日本时，他曾一度对女子发髻产生浓厚兴趣，不但自己在大街上一站就是一天，不断观察写生，积累素材，还跑到图书馆查阅资料，最后画成了《女子发髻百图》。据说苏曼殊曾对他十分喜爱的名伎花雪南说："爱情者，灵魂之空气也。灵魂得爱情而永在，无异躯体恃空气而生存。吾人竟日纭纭，实皆游泳于情海之中。或谓情海即祸水，稍涉即溺，是误认孽海为情海之言耳。惟物极则反，世态皆然。譬如登山，及峰为极，越峰则降矣。性欲，爱情之极也。吾等互爱而不及乱，庶能永守此情，虽远隔关山，其情不渝。乱则热情锐减，即使晤对一室，亦难保无终凶也。我不欲图肉体之快乐，而伤精神之爱也。故如是，愿卿与我共守之。"从这一通爱情宣言可以看出，苏曼殊吃花酒也好、出入青楼也好，所追求的无非是精神恋爱，他渴望得到所钟爱的女子的关爱体贴，却拒绝与她们发生性关系。如果妄加揣测，或许，苏曼殊的心里永远都为他那个心爱的人留着一个位子。什么放浪形骸，什么醉卧花丛，那都是掩人耳目的表象罢了，他只不过是以这种方式来掩饰自己内心的痛苦。由此，我们就不难理解，他的画作里为什么有那么多美女相思的影子，这正是他的"东方柏拉图式"的精神恋爱的外化。

《远山孤塔图》是 1904 年 7 月至次年 7 月，苏曼殊在湖南长沙实业学堂任教时为纪念殉情的恋人静子所作。据说苏曼殊画成此画后，坚决要烧掉，说是烧掉才能让静子收到。幸亏李文昭奋力夺下，才让这幅画得以幸存。

此画愁绪满怀，画面中夕阳西下，隐约可见远处寺庙旁伫立着一座孤塔，显得寂静异常。两三棵枯木立于水边，通向房宇的一座小桥上，一个戴圆斗笠的少年正在急急赶路，好像是急着去和心爱的姑娘约会，又好像是万念俱灰、看破红尘想遁入空门。杨柳在秋风中拂动，犹如低吟着一曲曲悲咽的挽歌。天边一行大雁飞过，是带来了天堂的问候，还是捎去了尘世的思念？此画既有"夕阳西下，断肠人在天涯"般漂泊无依的落魄悲愁，也有"雁过也，正伤心"那样无法释怀的凄苦。远行的传书鸿雁，还会再来，但挚爱的人已香消玉殒，魂飞天外。独活之人孤影独身纵然有情要诉，也无处寄托相思，这种自我诉说的冲动使整个画面流动着至悲至哀的感伤氛围。

第二个与苏曼殊结下深厚感情的恐怕就是金凤了。如果说，对静子是一种铭心刻骨的爱情，那么对金凤则是一种想爱却怎么也爱不起来的友情了。他为金凤作了《渡湘水寄怀金凤图》。

《渡湘水寄怀金凤图》　苏曼殊绘

此画原刊于 1919 年蔡哲夫编辑之《曼殊遗画》，苏曼殊在画跋中讲："乙巳，与季平行脚秣陵，金凤出素绢索画，未成，而金凤他适。及后渡湘水，作此寄之。宁使殷洪乔投向石头城下耳。" 1905 年，苏曼殊在南京陆军小学教书时，和秦淮河校书金凤相识，两人感情甚笃，但当金凤提出与苏曼殊结婚时，遭到拒绝。

无法掌握自己命运的金凤，在看到与苏曼殊结合无望后，嫁给一位富商远走他乡。在两人交往期间，金凤曾经拿出一块白绢，让苏曼殊给她画一幅画，可是由于时间仓促，离别在即，苏曼殊无心作画，只为她写了一首小诗：

乍听鹂歌似有情，危弦远道客魂惊。

何心描画闲金粉，枯木寒山满故城。

后来，苏曼殊渡过湘江来到长沙，对金凤倍加思念，明知画作十有八九到不了金凤手里，依然作了这幅画寄给她，偿还情债。苏曼殊与金凤的情，充满了伤感。

柳亚子在《苏玄瑛新传》中言："（曼殊）缋事精妙奇特，自创新宗，不依傍他人门户，零缣断楮，非食烟火人所能及。小诗凄艳绝伦。说部及寻常笔札，都无世俗尘土气。殆所谓'却扇一顾，倾城无色'者欤？"所谓"无世俗尘土气"，"却扇一顾，倾城无色"，《渡湘水寄怀金凤》为一佐证。

在苏曼殊的众多女友中，艺伎"调筝人"百助是很特别的一个。一个女人，一首曲子，激起了苏曼殊心灵的共鸣，拨动了苏曼殊久旱不雨的心弦。正像蔡哲夫和诗中写的："美人心事英雄泪，无量辛酸共一鸣，谁省浔阳凄绝后，有人更感八云筝。"两人分别以后，为了表达对百助的思念，苏曼殊创作了《美人红泪图》，有人认为，苏曼殊为"调筝人"所绘《风絮美人图》就是根据这幅画创作的。

1907、1908 年间，苏曼殊两度旅居日本，曾读日本作家德富

芦花所撰小说《不如归》。
小说女主人公片冈浪子，
因肺疾失欢于姑，而丈夫
又远征，遂忧伤憔悴而
死，其人生经历，与调筝
人百助非常相似。她们都
命运极苦，都"生身阿母
无情甚"，"语深香冷涕潸
然"。这引发出苏曼殊的
感慨，遂作画二幅，其中
一幅就是这《美人红泪
图》。这幅画画好后，苏
曼殊曾经寄给黄节，黄节
为这幅画赋诗说："东海
遗书久未裁，殷勤函札几
回开。三年为别兼春暮，
一纸将愁与画来。久世蛾
眉宜众妒，向人风絮有沉

《美人红泪图》 苏曼殊绘

哀。怜君未解幽忧疾，莫为调筝又怨猜。"画面中这位掩面痛哭的
女子，不正是让苏曼殊愁肠百结，众里寻她千百度的百助吗！

　　一生女友无数，除了那让他永远无法释怀的初恋，能给苏曼
殊带来心灵安慰的，恐怕就是他理想中的情人了。对苏曼殊来说，
似乎只有理想中的情人，才是真正的情人，也是完美的情人，这
些人一个个化作了他画中的美人，比如《竹篁孤女图》。此图原刊
于1908年3月的《天义报》第十六、十七、十八、十九期合刊。
画跋上写着沈素嘉的《水龙吟·初夏避兵栖凤馆有感追和外祖母
忆旧原韵》：

　　　　谁知卧处徘徊，谢庭风景都非旧。画堂尘掩，蓬生三径，

门垂疏柳。白昼初长，清风自至，流年空又。看多情燕子，飞来还去，真个不堪回首。

昔日娇随阿母，学拈针、临窗挑绣。斜阳楼下，熨残铜斗，线纹舒绉。蚕欲三眠，莺还百啭，落花时候。问重来应否销魂，试听江城笳奏。

沈素嘉，名树荣，吴江人，是明末反清烈士沈君晦之侄孙女，嫁叶绍袁三子叶世瑢。婚后不久，其夫君即以 22 岁的年龄英年早逝。随后，明亡，一门风雅的叶氏家族，或亡故，或遁入空门，午梦堂人去楼空。未亡人沈素嘉，独守空闺，寂寞填词，为此声泪俱下的《水龙吟》。录完词后，苏曼殊特意写上"绿惨红愁，一字一泪。呜呼！西风故国，衲几握管而不能下矣"。

苏曼殊以此画来表现词意，画中女子身材窈窕，步态婀娜，眼神顾盼神飞，于竹林间淡妆素裹，娥步轻挪，溪流淙淙，丛篁间一唱三叹，情景清幽缠绵，意境绵渺，韵味无穷。飞锡在《潮音·跋》中评价这幅画："阇黎（即曼殊）缋事精妙奇特，太息苦瓜和尚去后，衣钵尘土，自创新宗，不傍前人门户。零缣断楮，非食烟火人所能

《竹篁孤女图》　苏曼殊绘

及。"这里用"非食烟火人所能及"对这幅画作评价，实不为过。

除了以画展现自己的理想，苏曼殊还以画自喻，如《文姬图》就是此类画作。

这幅画作于 1909 年，画跋称："红泪文姬洛水春，白头苏武天山雪。静婉为曼殊题画寄刘三。"文姬是汉末女诗人，姓蔡，名琰，字文姬（一作昭姬），东汉著名文学家、书法家蔡邕的女儿。蔡琰是古代著名才女，有才

《文姬图》　苏曼殊绘

辩，通音律，一生坎坷，留有《悲愤诗》五言及骚体各一首，琴曲歌词《胡笳十八拍》相传亦为她所作。其代表作《悲愤诗》感伤离乱，追怀身世，融叙事与抒情于一炉，弥漫着强烈的"悲愤"意绪，可谓字字血泪，声声传情。画中画的虽是蔡文姬，实际上苏曼殊却是以此来自况。对蔡文姬来说，一方面，匈奴是中原地区的入侵者、破坏者，她恨匈奴的所作所为；另一方面，自己的亲人子女又在匈奴，感情割不断。对苏曼殊来说，他与日本关系特殊，母亲是日本人，亲友也有很多是日本人，但是，他生活的年代，中日关系紧张，日本一再侵略中国，其军国主义做法引起了苏曼殊的无限愤恨。苏曼殊以蔡文姬自喻，而作此画。画面上掩面而泣的文姬，简直就是作者自己悲伤的身影。画作完成后，他托邓秋枚将此画转交刘三，谦虚地说：此图"随意得之，非敢言画"。诗人二云见到此画后，写了这样一首诗："曼殊绘画世不

多，往见所作皆头陀。何时写此娟娟女，冰绡掩面泣秋河。断肠孤雁叫南云，水远山遥月下闻。岂将此女比身世，我欲跪吻银罗裙。沉吟再读三太息，曼殊天才真无敌。惜乎我辈生太迟，不见曼殊见遗迹。"

　　苏曼殊绘画中的情，是情爱、是情欲、是情怀。世事沧桑，一个出家的和尚，却屡屡打破禅戒的樊笼。花季少年时期美好的爱情被当头棒喝，成年时期所交往的风尘女子虽外表美艳，其内心的纯洁却无论如何也达不到苏曼殊心中的标准。世事难料，一生坎坷，斗志难酬，就让我爱的、爱我的美女，还有与世界不合拍的、世人皆醉我独醒的美人，化作心中的画卷，来实现"自我"的艺术价值。如果，你能从中看到悲愤、看到凄婉、看到冷艳，那就说明它们打动了你。

第五章
革　命　僧

　　苏曼殊是一个爱国的革命僧人。他把一腔生命的热情投入到革命事业之中，这种热情始终贯穿于苏曼殊的一生。他在东京加入过兴中会、光复会等革命组织，参加过"拒俄义勇队"，声援过章太炎、邹容，反对过清廷查封《苏报》，还卖画筹集革命经费，声讨过袁世凯，他的诸多著作和译作中也充满了他的革命心声。虽然悲戚的身世带给他很多痛苦，但身世问题并没有影响他对民族和国家的情感，他骨子里流淌着一腔革命热血，对当时国内的很多事情都给予了严厉的批判，他的著作中不惜笔墨地倾注了对祖国命运的担忧。他短暂一生中，接触了很多革命者；终生结交的几位好友，也是陈独秀、柳亚子、陈去病、章太炎、冯自由、叶楚伧等著名的革命党人。由于个性非常复杂，他很多时候也非常纠结，甚至矛盾重重，但这丝毫不影响他虽然出家为僧，但充满了革命精神的精彩一生。革命是贯穿他生命的一条主线。一介文弱书生，骨子里却流淌着一腔革命热血；他满心情伤，却不忘拯救国家与民生。但同时，作为一个文人，他的行动不坚决、不彻底。用现代眼光反观苏曼殊，即可发现其人性中的矛盾与多元性，而这也正是我们剖析其革命志趣深层原因的一个重要途径。苏曼殊有着一种豪侠本色，革命如同他的情爱生活一样，都令他近乎狂热和迷恋。

149

一、苏曼殊革命思想萌芽的诱因

1894 年，日本发动了侵略中国的甲午战争，之后，清政府签订了丧权辱国的《马关条约》，人们在痛恨清政府软弱无能的同时，也深深地埋下了对日本仇恨的种子。苏曼殊是一个特殊的中国人，特殊的身份和家世给他带来了极大的伤害和困扰。

"广中重宗法，族人以子谷异类，群摈斥之。"苏氏家族宗法森严，对苏曼殊尤其苛责，歧视、冷眼、折磨，使得苏曼殊过早饱尝了人世间的辛酸冷暖。过早远离生母，疼爱他的养母又被迫离开，父亲忙于生意常年在外，他基本上处于无人照管的状态。苏曼殊的九妹曾经回忆他回到家乡后的生活："一父数母，各爱其子女，但是苏曼殊母亲远在日本没有办法照顾他，在四岁之孩童曼殊者，未明人性，则离母亲怀抱，随嫡母回乡。""时或婶婶辈言语不检，人重此轻彼之分，使三兄感怀身世，抑郁不安。闻他十三岁在乡居，偶遇疾病，颇得嫂嫂照顾，为其医治并设戒口菜肴然后才使他的病身体得以恢复。"苏曼殊身体虚弱，再加上无人照拂，差点儿丧命。他的侄子苏绍贤回忆说："（苏曼殊）性孤特，与人罕言语。然闻人谈论，与其意不合者，辄抗声致辩，滔滔汩汩，必令人无可置喙乃已。"特殊的环境使得苏曼殊性格孤僻，很少与人言语。苏曼殊 7 岁时曾在家乡简氏祠堂受启蒙教育，亲戚与堂兄弟们回忆说此时的他性格非常孤僻，总体又非常偏激。童年的阴影给他的整个生命烙下深深的印记，少小离开母亲温暖的怀抱使得他孤独、极端，但这极端抗外的性格，也让人感受得到他的愤激和进取。

他不知道自己的真正血统，但是他很在意。这便成为折磨他一生的难言心事，所以后来他在写给友人的信中说："家庭事虽不足为外人道，每一念及，伤心至极矣！"他最好的朋友刘三曾说："曼殊不愿栖迟于此五浊恶世也。"从正常的思维来看，一个人不知道自己的身世，不知道自己从何而来，当然也会对自己去向何

处充满迷茫。所以他的内心极度挣扎、极度痛苦，他活得没有温暖，所以会有"每一念及，伤心至极"的感叹，所以他有着对人生的虚无感，这也使得他格外自尊、敏感。

(一)弱国之民使得他缺乏归属感

苏曼殊生活的时代，是1884年到1918年，他经历了清朝末年光绪帝的傀儡政权，见证了孙中山领导的辛亥革命推翻封建帝制，而后又迎来了新文化运动的曙光。这个时期的中国积贫积弱，社会动荡不安，旧观念与新思想互相冲撞……虽说封建帝制被推翻，但袁世凯的复辟等倒行逆施的行为，又使得整个国家被乌烟瘴气笼罩着，弱国的帽子压在国民的头上，重重的，让人喘不过气来。这种令人窒息的感觉在苏曼殊身上体现得尤为明显。

由于自身的原因，苏曼殊经常往来于中国和日本之间，他总是说他是弱国之民，甚至无颜以居，无心以宁，心里非常难受。据说有一次，在跟一个日本人交往的时候，这个日本人突然从自己头上抓出虱子来，却硬说这虱子是从苏曼殊头上蹦到他的头上来的。苏曼殊虽然明明知道这虱子不是自己的，却选择了道歉。他还解释说，他的头上没有头发，而这个日本人的头发是黑色的，这虱子也是黑色的，肯定是这个日本人身上的，况且虱子怎么能从他的头上蹦到这个日本人头上呢？可是，他道歉了，只是因为他是弱国之民，所以他要道歉。这就是1915年苏曼殊在日本东京所遭遇的"黑虱白虱"事件，这样一个小得不能再小的事情，却让苏曼殊极度自卑，那种无以复加的来自弱国的自卑感，覆盖着他的全身。在当时的日本人眼中，中国人都是落后的、肮脏的。对敏感的苏曼殊而言，这种羞辱更增添了他作为弱国之民的痛心和感伤，也强化了中日混血的苏曼殊对东瀛日本的敌意。

"世上飘零谁似我"，苏曼殊自己在诗中曾经这样说过，这是他内心的真实写照。他不知道他自己是中国人还是日本人，不知道自己的故国家园在哪里，他在中国时思念在日本的母亲河合氏，在日本时又居无定所，回国后又要面对那样的家庭、那样的族人，所以他短暂的一生来往于中国和日本之间，漂泊无依。他始终缺乏归属感，因此才要寻找一种心灵的依托，这也就是他要向"组织"靠拢的诱因吧。

（二）爱国情怀使得他热血沸腾

清朝末年的国运衰弱，使得积贫积弱的中国只能让洋人鄙视。尤其是日本人，用"支那""东亚病夫"等侮辱性的词语来称呼我们中华民族。这样蔑视性的称谓，让苏曼殊大动肝火。可是，一次偶然的机会，苏曼殊从印度史诗《摩诃婆罗多》中发现，古印度语中不仅有"支那"这个词语，而且其本义跟日本人所认为的意思完全相反，原来"支那"的说法来源于古代印度人对我国商朝时期华夏人民"智巧"的称赞。这个意外的发现带给苏曼殊超乎寻常的惊喜和欣慰，他给他身边的朋友，甚至外国的朋友写信，告诉他们，"支那"代表的是汉人的优越，而不是洋人所鄙视的汉民族低人一等的意思。

苏曼殊少年时跟随表兄林紫垣东渡日本求学，后来虽频繁往来于中国和日本之间，还有着一半的日本血统，但他对日本及日本人不仅没有一点好感，反而十分仇视。他在日本侨居期间，自始至终不肯说日语，宁可不厌其烦地寻找翻译，就连生病也不去医院，因为他不想说日语。

1900 年，八国联军入侵北京，帝国主义的铁蹄践踏着我国的领土。懦弱的清政府不堪一击，《辛丑条约》、庚子赔款，使得早已贫弱不堪的中华民族雪上加霜，人民苦不堪言。苏曼殊虽然远在东洋，却高度关注着国内的局势，他和老师、同学们每天下课后，都振臂高呼 16 字的口号："国耻未雪，民生多艰，每饭不忘，勖哉小子！"这群情激昂的画面，使大家热血沸腾。在这种环境氛围的熏染下，苏曼殊的爱国忧民之情愈发浓厚深切了。面对山河破碎、陷于危难的民族家国，苏曼殊大义凛然，他说："假如需要且必要，我便是当今之荆轲。""风萧萧兮易水寒，壮士一去兮不复还"，荆轲壮士断腕，侠肝义胆刺秦王；一介书生苏曼殊，同样

有着雄赳赳气昂昂的雄风。

辛亥革命爆发时，身在爪哇的苏曼殊闻讯兴奋异常，急欲回国，他在写给柳亚子、马君武的信中说："迩者振大汉之天声，想两公都在剑影刀光中抵掌而谈；不慧远适异国，惟有神驰左右耳。"苏曼殊内心的澎湃、激动和迫切想要推翻清政府建立新国家的情怀跃然纸上。

苏曼殊在日本从事反清活动时，时常为故国河山破碎而感伤。他在《本事诗》之九中这样写道：

> 春雨楼头尺八箫，何时归看浙江潮？
> 芒鞋破钵无人识，踏过樱花第几桥。

在反清活动处于困境之时，他曾想以死警醒国人，在作别恩师汤国顿的两首诗中，他这样写道：

> 蹈海鲁连不帝秦，茫茫烟水着浮身。
> 国民孤愤英雄泪，洒上鲛绡赠故人。（其一）

> 海天龙战血玄黄，披发长歌览大荒。
> 易水萧萧人去也，一天明月白如霜。（其二）

虽然蹈海警世没能成真，但他留下的诗篇却使人热血沸腾。他参加革命团体，竟以瘦弱的身躯去考陆军学校；他资助革命，写诗，写小说，翻译，以书生的方式宣扬革命；他结交革命党人，忧国忧民……炽热的爱国情怀，纯真的革命理想，昂扬的战斗热情，都让他的一腔热血沸腾喷涌，成为一位赤胆忠心的革命者也是必然的了。

二、苏曼殊的革命文化活动

（一）他参加革命活动，投身于革命

他不但具有一般的民族民主革命思想，而且还完全赞成并积极参加了用暴力手段推翻清朝统治的实际斗争。这种思想虽然有一定的局限性，但在当时还是很进步的，对中国革命的发展也具有一定的推动作用。

1902 年正是资产阶级革命势力空前活跃的时期，苏曼殊的思想也受到革命风潮的影响。中国留日学生关心国家危亡，创办革命刊物，编译出版先进书籍，激扬文字，意气风发，以唤起民众、报国雪耻为己任。在反清革命志士云集之地，苏曼殊结识了冯自由、章太炎、陈独秀等革命人物。他听过陈独秀的演讲，又经冯自由介绍，加入了由陈独秀、蒋百里等酝酿成立的爱国组织青年会。该会"以民族主义为宗旨，以破坏主义为目的"。苏曼殊成为这个组织的发起人之一。

1903 年，苏曼殊冒死参加了拒俄运动，开始了他的革命生涯。这一年，他考入陆军士官学校的预备学校——成城军校。此时，沙俄拒绝按照《中俄交收东三省条约》撤退侵略军，中国人民强烈愤慨，掀起了声势浩大的拒俄运动。留日学生组织了"拒俄义勇队"，苏曼殊也报名参加。后来"拒俄义勇队"迫于清政府的压力，更名为"军国民教育会"，这个组织表面上是国民教育会，但成员依然是原来的那一批革命志士转换而来的，该会以这个名字作为掩护，仍有反清色彩。他们与廖仲恺等组织的留日学生在每天清晨秘密集会，到大森练习射击，苏曼殊亦参加并进行革命活动。在这个时期，他结识了近代史上非常著名的陈天华、黄兴等革命党人。

他宁丢饭碗，中途辍学，也要回国宣传革命。苏曼殊积极参加革命活动遭到了资助他上学的表兄林紫垣的极力反对。林紫垣知道他接触革命党之后担心无法向他父亲交代，反对他参加革命，

154

于是断绝对他的经济支持，以迫使他回国。苏曼殊无奈只得返回上海。但他在 1903 年 9 月从日本回国前专门给他表哥写过一封信，说他要回国，但他会在途中跳海自尽，并留有遗书。表兄断资的威胁对苏曼殊没有用，他宁可丢掉饭碗，宁可中途辍学，也不肯放弃革命。恰在此时，军国民教育会正需要有人回国宣传革命，苏曼殊决定回国担当这个重任。

他生活拮据，但倾囊相助革命。他参加的军国民教育会有规定，每个成员必须每月义务捐款四角，苏曼殊生活拮据，每个月只有 10 元生活费，可每次都捐一到两元。其实在当时，10 块钱只勉勉强强够他吃饭。1907 年，章太炎等人在东京办《民报》，遇上经费困难，苏曼殊主动提出卖画筹钱来解除他们的困境。这样的事例在苏曼殊一生中有很多。

他担任编辑，传播革命思想，唤醒民众。苏曼殊到上海，在由章士钊等人创办的《国民日日报》担任翻译。他做编辑如鱼得水，他的《女杰郭耳缦》《呜呼广东人》等文章见于报端，为声援章太炎、邹容，反对清廷查封《苏报》做了大量工作。他赞同无政府主义，宣传军国民教育会的暗杀战略，企图唤起民众，强烈谴责缺乏爱国思想的人，把祖国危亡的紧迫感呈现在世人面前。他所做的这一切，在当时对革命思想的传播和中国革命事业的发展起到了巨大的推动作用。"苏报案"发生后，他为朋友章太炎的遭遇感到义愤填膺，对社会也感到深深的失望，但是仍积极参加资产阶级革命运动。

他与改良派激烈论辩。1904 年，在中国资产阶级革命派与保皇派的斗争日趋尖锐的情况下，苏曼殊愤于保皇派的猖獗，和改良派的机关报《商报》进行激烈的论战。他对康有为支持清政府、效忠清帝的行为和言论极为不满。保皇派首领康有为骗取华侨捐款逃到香港后，苏曼殊找到《中国日报》的主编陈少白，向他泣诉："康有为欺世盗名，假公济私，聚敛钱财，污辱同志，凡有血气，当歼除之！"并要向他借一支手枪。陈少白也说康有为该杀，但是因怕累及《中国日报》而未将手枪借给他，苏曼殊失望而去。

他积极参与革命团体华兴会的活动。1904 年秋天，华兴会谋划武装起义，苏曼殊当时正在湖南长沙实业学堂任教，所以他也参与了其事。不过起义因为被事先泄密而流产。之后他又参加了黄兴召集的部分华兴会成员在上海举行的秘密会议，会议决定了今后实行暗杀和武装起义的方针。

他奔赴山东青岛，慰问鼓励革命战友。当山东革命军发动军事讨袁时，苏曼殊又立刻赶赴青岛，慰问和鼓励他的革命朋友们。

他在上海结识了革命诤友。1905 年 8 月，苏曼殊回到上海，又结识了高天梅、朱少屏、柳亚子等朋友。尤其是柳亚子，和苏曼殊的关系最为密切。

他参与组织亚洲和亲会。1907 年，苏曼殊赴日组织亚洲和亲会，公然反抗帝国主义。

他到异域任教，串联革命力量。1909 年，由陶成章推荐，苏曼殊到爪哇任教，并以教员的身份担负起发动革命和串联革命力量的任务。

（二）书写诗文，宣传革命，是他为革命做的主要努力和贡献

斐效维在《苏曼殊小说诗歌集》中说，苏曼殊不是一个革命的活动家，而是一个革命的文学家，他的贡献主要不在于对旧世界进行"武器的批判"，而在于运用"批判的武器"，为辛亥革命开辟道路。

他赞助革命报刊，积极参与革命宣传活动。苏曼殊参加了辛亥革命的宣传鼓动工作，除陈独秀、章士钊所办的《国民日日报》外，同盟会的《民报》、刘师培夫妇所办的《天义报》等也都曾得到过苏曼殊的赞助。

早在 1905 年 10 月，中国同盟会的机关报《民报》创刊时，苏曼殊就写了许多随笔、译著等，还先后发表了《岳鄂王夜游池州翠微图》《太平天国翼王夜啸图》等画幅，倡言反清。

他还为秋瑾的遗诗写过序，为冯自由的《三次革命军》题

过词。

1907 年，他与鲁迅等人在日本准备创立杂志《新生》，但未成功，此后远赴爪哇，辛亥革命后归国。

他还加入革命性质的文学团体，明确为革命服务。随着中国同盟会的成立、资产阶级民主革命高潮的到来，当时社会上出现了许多革命性质的文学团体。1909 年，由陈去病、高旭和柳亚子等发起的中国近代文学史上第一个大规模革命文化团体——南社成立。南社取"操南音，不忘本也"之意，和清王朝的"北廷"相对立。南社的成立和发展，标志着文学为革命服务的目的性更明确了，文学的战斗性和群众性也大大加强了。苏曼殊也很快加入其中，并成为该社的著名作家。

他创作革命诗篇，昂扬战斗精神。苏曼殊具有多方面的才能，诗、文、小说、绘画无不精通，尤其以诗的影响最大。苏曼殊的诗表现了爱国青年思恋祖国和对革命者的崇敬之情，诗的风格别致，有一种动人的力量。通过诗作，他激励了参加革命活动的革命志士，也表达了自己决心反抗强敌，勇赴国难的悲壮情怀。在《憩平原别邸赠玄玄》中，他写道：

> 狂歌走马遍天涯，斗酒黄鸡处士家。
> 逢君别有伤心在，且看寒梅未落花。

这首诗慷慨激昂，表现了诗人不屈不挠的战斗精神。苏曼殊的笔锋无比锐利，而且饱含激情，因此颇具感染力和批判力。他讨厌广州人对英国人的态度，所以在杂文《呜呼广东人》中开篇就说："吾悲来而血满襟，吾几握管而不能下矣！吾闻之：外国人与外省人说，中国不亡则已，一亡必亡于广东人手。"

他还借鲁仲连蹈海的历史典故，表明宁死不做清朝子民的决心；借荆轲刺秦王的悲壮情怀来激励自己投身到革命中去，他这是对革命的生死相托。

他搜集清政府罪状，为革命成功助力。他效法革命党人印发《扬州十日记》和《嘉定三屠记》的办法，广泛搜集清兵入关之初屠杀人民的事实，写成了《岭海幽光录》，强调反清，为革命进行宣传，制造声势，以助革命成功。同时他还发表了《惨世界》，不但批判了清政府统治下的悲惨世界和数千年来的封建观念，而且塑造了一个资产阶级革命者的英雄形象。他主张用暴力手段推翻专制统治，建立一个没有剥削、没有压迫的理想社会。

他发文庆贺辛亥革命成功。武昌起义爆发时，苏曼殊正在南洋爪哇岛上一所中学任职，听到消息后，他兴奋不已，急欲回国。在辛亥革命成功后的一个短暂的时期，苏曼殊发表了许多时论、杂文，表达他的欣喜和对革命寄予的厚望。

他抨击窃国大盗袁世凯。辛亥革命后，袁世凯窃取了胜利果实，并暗杀了宋教仁。苏曼殊为中华革命党的机关报《民国杂志》撰写多篇文章，积极参加反袁斗争，对袁世凯的罪行进行揭露和抨击。

当孙中山发动讨伐袁世凯的"二次革命"时，苏曼殊以僧人身份，奋起响应。1913 年 7 月 21 日，苏曼殊以个人名义在《民立报》上发表了词锋凌厉的《释曼殊代十方法侣宣言》（又称"讨袁宣言"），完全撕下了嗜血恶魔袁世凯的画皮。原文是：

> 呜呼！衲等临瞻故国，可胜怆恻！
>
> 自民国初造，独夫袁氏作孽作恶，迄今一年。擅操屠刀，杀人如草；幽蓟冤鬼，无帝可诉。诸生平等，杀人者抵；人伐未申，天殛不遒。况辱国失地，蒙边夷亡；四维不张，奸回充斥。上穷碧落，下极黄泉，新造共和，固不知今真安在耶？独夫祸心愈固，天道益晦；雷霆之威，震震斯发。普国以内，同起伐罪之师。
>
> 衲等虽托身世外，然宗国兴亡，岂无责耶？今直告尔：甘为元凶，不恤兵连祸极，涂炭生灵；即衲等虽以言善习静

为怀，亦将起而褫尔之魂！尔谛听之！

这篇讨袁宣言更像是檄文，言辞犀利，正气昂扬，气势磅礴，足以使窃国大盗胆怯，使不法分子生畏，也为苏曼殊赢得了"革命和尚"的美誉。

但章太炎却对袁世凯抱有幻想，他在辛亥革命后退出同盟会，另组共和党，并被骗到北京。所以苏曼殊对章太炎亦有微词。苏曼殊在《答萧公书》中说："此次过沪，与太炎未尝相遇。此公兴致不浅，知不慧进言之未至，故未造访，闻已北上矣。"

"二次革命"失败后，孙中山、黄兴等革命领袖被迫再次逃亡国外，国民党党员四散。苏曼殊也于1913年底东渡。在日本，他肠病连绵，经济上陷于困境。

1914年5月，国民党机关刊物《民国》创刊于东京，鼓吹反袁，实行"三次革命"。苏曼殊在该刊发表小说《天涯红泪记》，重刊《燕子龛随笔》。他经常与孙中山、萧萱、居正、田桐、杨庶堪、邵元冲、邓家彦、戴传贤等革命党人交往，还曾经住在居正的家中。

1916年，孙中山任命居正为中华革命军东北军总司令。后来，居正赴山东发动反袁起义，率部攻占潍县、邹平、临淄等十余县。苏曼殊听说此事后，非常高兴，急忙到青岛去看望，盘桓数天，游崂山之后返沪，住在环龙路44号孙中山的家中。另外，他还在陈独秀主编的《新青年》杂志上发表小说《碎簪记》。

他创作小说，体现革命内容和革命精神。苏曼殊的作品，无论是翻译还是创作，都体现了鲜明的主题，故事情节往往以悲剧结束，但不乏政治内容和革命精神，如《断鸿零雁记》《碎簪记》《非梦记》《焚剑记》《绛纱记》等小说，都是如此。他通过小说描写当时的社会现状，揭露统治阶级的丑恶嘴脸，痛述黎民百姓生活的疾苦，借以激发人们的反抗意识。

他的革命诗文坚定了全国人民革命的决心，激励了革命者的士气，极大地推动了中国革命的前进步伐，在中国近代革命中，他的宣传和鼓动作用是不容忽视的。

他作画抒写怀抱。苏曼殊还是一位画僧。他的画格调不凡，意境深邃。他的画作《江山无主月空圆图》，配有忆翁诗文"花柳有愁春正苦，江山无主月空圆"，亡国之痛满溢于纸面画作之中。当然，苏曼殊作画，不仅是抒写怀抱，还想借此为反清革命做出更多贡献。

苏曼殊在《民报》副刊《天讨》的美术版上发表了《猎狐图》《太平天国翼王夜啸图》等画作，这些画作可以说都寓意深刻，它们仿佛一支支响箭，径直射向昏庸无道的清王朝，箭箭中的，无一虚发。

（三）广译西学，传播西书，启蒙思想，是苏曼殊革命文化活动的又一个重要内容

他集佛学、汉学、西学之长于一身，精通中、日、英、法、梵五种文字，翻译并编撰了许多中外文互译文学作品，其优美、精确的文辞可与严复、林纾的译著相媲美。

他译介拜伦、雪莱的作品，倡导自由和反抗精神。苏曼殊是最早把拜伦、雪莱、歌德等西方浪漫主义诗人介绍到中国的作家之一，英国浪漫主义诗人拜伦对其影响尤其大。他把拜伦的诗介绍到中国来，提倡自由和反抗精神，抒发自己对自由的强烈渴望以及提升民族自尊心的强烈要求，企图唤起民众，推翻清王朝，抵御外国侵略。他翻译的拜伦诗有《去国行》《哀希腊》等。据说，他在日本翻译《哀希腊》时忧愤不平，只能靠"啸傲山林"来发泄胸中块垒。他还曾于月夜泛舟湖上，"歌拜伦《哀希腊》之篇。歌已哭，哭复歌，抗音与湖水相应"。他翻译的作品都具有强烈的爱国主义思想，力图用外国人民反抗侵略者的事实，来激发中国人民的爱国主义思想和反抗精神。

苏曼殊还将雨果的《悲惨世界》译为《惨社会》。翻译时，他不愿受原著的束缚，从第七回的后半回到第十三回的前半回进行

了自己的创作。他塑造了一个革命侠士明男德，大骂"孔学是狗屁不如的奴隶教训""皇帝是抢夺别人国家的独夫民贼"，公然蔑视"上帝""神佛""道德""礼义""天地""圣人"。鲁迅称之为"血的蒸汽醒过来的声音"。

他翻译美国女杰传记。苏曼殊醉心于宣传无政府主义的救国思想，赞同暗杀活动，主张土地、财产归穷苦的民众享有，对极力倡导无政府主义的美国女杰郭耳缦尤为推崇，特意翻译了她的传记。

他翻译印度小说，警示国人。他还翻译了印度小说《婆罗海滨遁迹记》，讲述英帝国主义残暴侵略殖民印度的事实："或以麻绳束之树梢，揭铳射之，观其避丸也；或以刃剸肠，塞以败絮，而观其手舞足蹈也；或以尖针钉其两目，投向潮流，观其浮沉上下也……"苏曼殊试图用印度被侵略的事实，向国人发出警告，激起人民的反抗意识。

他周游东南亚诸国，撰写诠释梵文经典。苏曼殊于 1904 年由上海启程，周游越南、老挝、缅甸、泰国、印度和斯里兰卡等地，并向乔悉磨长老求教，学习梵文，先后撰写了《梵文典》《梵书摩多体文》《埃及古教考》等书。

他弘扬优秀中华文化。随着西方文化的大量输入，苏曼殊痛切地感到，中华民族的传统文化正逐渐被一些人所抛弃，他痛斥那些忘了自己祖宗而认别人祖宗的人。他不仅译介西方优秀作家的小说、诗歌作品，还把中国的古典诗歌介绍给其他国家的人民。比如他在 1914 年编辑出版的《汉英三昧集》就是一部系统介绍中英诗歌的合集。苏曼殊在中西文化交流中的努力，在一定程度上弥补了近代中外文学交流中只有外国文化的输入而没有中国文学对外传播的缺陷。

总的来说，苏曼殊或许算不上一位真正的革命党人，但是"党人自孙公以下，皆敬爱之"，即使他后来"已经不参加一切政治活动，但是他仍然和革命党人保持着友好的关系，所以他们很热情地接待他，并在他们的上海总部里给他提供免费的住处"。如此深得人心，正是因为苏曼殊品德高尚、心地纯洁。章太炎说他"可谓历高节，抗浮云者矣"，"岂与夫录名党籍，矜为名高者，同日语哉"。柳无忌也高度评价了他抵抗世俗的能力："在这样极乱的时代内，曼殊翱翔其间，他没有带得一些尘俗的习气，像云中白鹤出没于腥腐的社会。"准确地说，苏曼殊或许不是一位纯粹的革命者，他没有到武装斗争的第一线冲杀，也没有进入革命派的核心和决策阶层，但他却为革命做了实实在在的工作，不愧为辛亥革命的文化战士。

三、苏曼殊的不屈斗志及豪侠本色

古往今来，多少仁人志士都有着不屈不挠的斗志、侠肝义胆的豪侠本色和崇高为民的革命理想。杜甫的"安得广厦千万间，大庇天下寒士俱欢颜"，文天祥的"人生自古谁无死，留取丹心照汗青"，周恩来的"为中华之崛起而读书"……这些都是流传千古的至理名言，是激励人们爱国报国的赤诚真心。苏曼殊有一个不羁的灵魂，祖国正遭受的屈辱、当时政府的腐败、辛亥革命的失败，还有饿兽一样贪婪暴力、肆意妄为的侵略者，都让豪情满怀的苏曼殊愤慨不已。他的心中有一个梦想，无论面对多大的困难和打击，他心里永远烙刻着不屈不挠。

（一）热血未冷，不屈不挠

革命需要激情，革命需要热血。革命者夏明翰的《就义诗》仍旧在耳边回响："砍头不要紧，只要主义真。杀了夏明翰，还有后来人！"这首五言绝句已经成为中国近现代史上最深入人心的革命诗篇之一，这是革命者用热血谱成的，这是坚贞斗志的铭刻。像夏明翰这样慷慨激昂、英勇赴死的革命者，中国历史上有很多。他们身上流淌着沸腾的热血，心中怀抱着不屈的英魂。作为一代影响深远的革命僧人，苏曼殊的革命生涯曲折而令人动容，革命活动丰富而卓越，革命热情浓烈而高亢。他用自己的方式为他短

暂的革命征途谱写了精彩难忘的篇章。

在苏曼殊的一生中，革命活动主要集中在他生命的后期。19岁正是一个年轻人风华正茂的年龄，苏曼殊也是如此，那一年，他成功考入成城学校习陆军，为实现青年人的革命理想和抱负而努力。虽然身材瘦弱，身体不好，但他依然选择从戎，可以看出苏曼殊迫切的革命心情。后来，他踏上反清之路，革命思想也愈加成熟。为了革命，他不惜与资助他的表兄闹翻，毅然决然辍学回国，投身革命。他积极报名参加肩负着推翻清政府责任的组织——拒俄义勇队，每天在操场上操练，表现出书生投笔从戎、杀敌赴死的气概。这个组织被取消后，他又参加了由拒俄义勇队改头换面而来的"军国民教育会"，继续进行革命活动，而且结识了中国近代史上非常著名的革命党人陈天华和黄兴等。虽然不能征战沙场，但苏曼殊可以用他的生花妙笔，锋芒毕露地展示他揭露和批判的才华。他担任《国民日日报》的翻译，翻译并改创法国小说家雨果的小说《惨世界》，在杂文《女杰郭耳缦》中写无政府主义者郭耳缦的事迹和精神，翻译拜伦的《哀希腊》，在《南洋话》中谈荷兰人对爪哇华人的苛虐，在《呜呼广东人》中痛骂没有气节、天然媚外的广东人等等。

从这些名篇佳作中可以清楚地看到，苏曼殊绝对不是一个只会作绮艳语、谈花月事的无病呻吟的情感飘零者，他是一个有着一腔热血的中国人。这个时期的创作，不只展露了他的写作才华，而且是他当时思想的真实写照，是对他革命觉悟的一种展示。

就像人们遇到泥泞和荆棘会缩手缩脚、止步不前一样，苏曼殊在革命的过程中也曾经有过犹豫和彷徨。《国民日日报》停办时，苏曼殊无处安身，又遭受冷遇。这使得他生计无着，感觉无依无靠，于是他突然到惠州的一座寺庙里削发为僧，并从此以和尚自称。这突如其来的变故，让他的亲朋好友都无法理解，也无法接受。然而就像在逆风行驶中遇到风浪，船只会稍微改变航向一样，苏曼殊的再次遁入空门并没有动摇他革命的信心和决心。

虽然遁入空门，他仍然有着革命的豪情。1904年秋天，他在长沙参加华兴会，准备秘密起义，可是起义不幸流产；他还在上海参加过华兴会的秘密会议。他在学堂讲课，为革命培养人才；他在上海住在爱国女校，后来住同盟会机关部；他与章太炎、刘师培、何震、陈独秀等发起成立"亚洲和亲会"，反对帝国主义，呼吁亚洲已失去主权的民族各自独立；他与鲁迅等人筹备《新生》杂志的出版；秋瑾在绍兴古轩亭口英勇就义后，很多人避之唯恐不及，但他却为《秋瑾遗诗》作序，开篇就说："死即是生，生即是死。"还说：

> 秋瑾以女子身，能为四生请命，近日一大公案。秋瑾素性，余莫之审。前此偶见其诗，尝谓女子多风月之作，而不知斯人本相也。秋瑾死，其里人章炳麟序其遗诗，举袁公越女事。嗟夫！亡国多才，自古已然！

他对秋瑾的革命行为表达了高度的敬佩之意，赞颂了秋瑾烈士的视死如归，对她的就义表达了深切的惋惜之情。

这些革命活动都是苏曼殊跟革命党的密切联系，是苏曼殊为革命所做的储备和努力，当然也表达了他自己旷达的生死观和向往革命的心声。

但是，有的时候事情往往是波折不断的。章太炎、刘师培都是国学大师，他们都给予了苏曼殊很多的文学滋养，是苏曼殊的生命导师，也是苏曼殊可以称为知己的人物。可是，受旧民主主义革命的影响，章太炎逐渐颓废。而刘师培与何震夫妇更令人不齿，他们投敌变节，投靠两江总督端方，成为告发革命者的密探，而且还诱捕革命党的领袖。苏曼殊曾经居住在刘师培家，何震还师从苏曼殊学习绘画，三个人几乎每天都在一起，感情非常好。可是，就是这两个与他交往密切的挚友，带给了他生命中最重的伤害。他们的变节，使得苏曼殊遭到了牵连，他被怀疑与他们同

流合污，还遭到警告。另外，在这之前，章太炎与刘师培发生了矛盾，苏曼殊遭到刘师培夫妇的迁怒，被迫迁往其他友人家，"漂泊无以为计"。这些事情对苏曼殊的打击都非常大，最亲的人伤他最重，使他一度认为这个世间没有真情，没有任何人值得相信。所以当谈到身边人给他带来的伤害的时候，他给好朋友刘三写信说："浊世昌披，非速引去，有呕血死耳。"这个世间好像已经没有了任何让苏曼殊留恋的东西。

在那个中华国民受蓝睛红髯之人欺侮的年代，苏曼殊的情感表达是最激愤、最浓烈的。"五四"前夜的中国，依稀能够看到黎明的曙光，可是重重的黑暗也足以让在坎坷中行进的路人徘徊。一个溢满病态的社会，一个还没有完成转型的社会，一个还没有迎来光明的社会，在苏曼殊的笔下淋漓尽致地展现了出来。他用他那凄惨的身世和令人羡慕的才华，写出了清新动人的旧体诗和文言文，让陈腐的空气里有了新鲜的气息，这不仅预示着新文学黎明的到来，也预示着旧社会的将要被颠覆和新社会的即将来临。黑暗犹存，曙光闪现，苏曼殊内心的挣扎和纠结也将要告一段落，可是，这位努力耕耘的文人没有那么幸运，他没能够迎来那让人激动，让历史铭记的时刻。

（二）革命志士，斗志昂扬

中国革命斗争中涌现出的英雄数不胜数。残酷的斗争让无数革命志士付出了生命的代价，但也锻炼了革命志士的意志，让生活在苦难中的人民看到了希望和光明。

作为一名革命志士，苏曼殊也是称职的，他有着昂扬的斗志和切实的行动。他看似放荡不羁的外表下深藏着一颗反映敏锐的头脑，对辛亥革命，他有着不同于常人的清醒认识。辛亥革命后，有许多革命党人以为革命功成，于是纷纷跻身官场，醉心于争名夺利。以前的革命党人摇身一变成为民国要人，一时间冠盖满京华。就连当年激情满腔的国学大师章太炎也不能免俗例外，他骤然升任东三省的筹边使，也是踌躇满志，"意气扬扬，甚自得也"，他甚至反对孙中山，袒护袁世凯。当袁世凯任临时大总统后，章太炎尤其热衷官场。苏曼殊知道后对他冷嘲热讽，说"此公兴致殊为不浅"，并且专门给他写信，让他断了这个心思，不要自己跳进火坑，背上历史的骂名。仔细想想看，作为一个比章太炎阅历浅、年龄小的晚辈，苏曼殊能够如此清楚地明辨是非黑白，章太炎实在应感到汗颜。苏曼殊时常用"笼鸡有食汤刀近，野鹤无粮天地宽"来规劝当时的政坛名流。他强调，一定不要"刀枪入库，马放南山"。在当时的情形之下，他有着这样的警惕，着实是难能可贵的。但是，辛亥革命的胜利果实还是没有能够得到保全。袁世凯称帝，窃取了宝贵的成果，辛亥革命实质上失败了。

袁世凯不仅窃取了胜利果实，而且还暗杀了"中华民国"与中国国民党主要缔造者之一的宋教仁。这彻底激起了革命志士们的反抗。当时，刚刚在大选中获胜的国民党代理理事长宋教仁在上海火车站被黑枪击中，倒在血泊之中，三天后离世，普天共愤，举国同悲，孙中山、李烈钧等人选择了武力抗议，发动了反袁的"二次革命"。手无缚鸡之力的一介书生苏曼殊，也敏锐地发现了袁世凯的狼子野心，他拿起了手中的笔，在西子湖畔愤然写下一篇讨袁宣言。苏曼殊用自己的一双慧眼，以横刀立马、咄咄逼人之势，以一纸檄文掀起了讨伐袁世凯的热潮。

早在 1907 年，苏曼殊在笔记小说《岭海幽光录》中就曾经表达过作为一名革命志士应有的不二心、不二权的决心，他是这样说的：

> 嗟夫！圣人不作，大道失而求诸禅；忠臣孝子无多，大义失而求诸僧；《春秋》已亡，褒贬失而求诸诗。以禅为道，道之不幸也；以僧为忠臣孝子，士大夫之不幸也；以诗为《春秋》，史之不幸也。

"天下兴亡，匹夫有责"，这样从骨子里透露出的逼人英气，

在这位柔弱的出家人身上强烈地体现了出来，这样的家国情怀和英勇无畏的气势，都充分展示了苏曼殊的革命斗志。他没有去享受革命的成果，他用他的笔、他的心，去保卫革命者的浴血付出。

（三）虽出家，但不忘世情世事

作为一名僧人，苏曼殊已经脱离尘世，遁入空门。他原应与其他僧人一样吃斋念佛，不问世事，不入红尘。可是，苏曼殊不一样，他虽入佛门，但心系家国，他的心中，他的笔下，汩汩涌出的是对世情世事的牵挂，是高度的责任感和使命感。

描写国事、感慨家仇的诗作，频频出现在苏曼殊的笔端。比如：

> 水晶帘卷一灯昏，寂对河山叩国魂。（《无题》之四）
> 故国已随春日尽，鹧鸪声急使人愁！（《吴门依易生韵》之十）
> 扁舟容与知无计，兵火头陀泪满樽。（《东居杂诗》十八）
> 相逢莫问人间事，故国伤心只泪流！（《东居杂诗》之二）

167

"水晶帘卷一灯昏，寂对河山叩国魂。"国魂是一个国家特有的民族精神，这里特指在辛亥革命中牺牲的烈士。辛亥革命失败之后，苏曼殊虽然一度消沉，但并没有改变反帝反封建的革命思想。作为佛门弟子，他只能用"叩国魂"这样的诗句来寄托对辛亥革命中牺牲的烈士的哀思。"故国已随春日尽，鹧鸪声急使人愁。"故国，这个词涵盖了多少思念、多少期盼、多少无奈啊！法国大思想家孟德斯鸠曾经说过：君主政体的原则是荣誉，共和政体的原则是美德。而袁世凯摧毁了"中华民国"的荣誉与秩序，也破坏了共和的美德与基础。面临此情此景，苏曼殊失去了精神依托，失望之极的他，"独有伤心驴背客，暮烟疏雨过阊门"，只有芒鞋破钵，悄然远隐了。最终，他暴饮暴食，以求速死，这是他对民国的绝望。

这个文弱的出家人，还翻译了拜伦的《哀希腊》，在诗中表达自己对国人"哀其不幸，怒其不争"的感受，他希望通过这首长诗唤醒国人的信心、决心和努力。

苏曼殊虽然落发为僧，但仍然结识了很多有志的革命青年。与青年革命家赵声的交往，就是其中非常值得一提的一页。在他的《燕子龛随笔》中，有这样一段描述：

> 赵伯先少有澄清天下之志，余教习江南陆军小学时，伯先为第三标标统，始与相识，余叹为将才也。每次过从，必命兵士购板鸭黄酒。伯先豪于饮，余亦雄于食，既醉，则按剑高歌于微风细柳之下，或相与驰骋于龙蟠虎踞之间，至乐！

由此可以看出，两人的革命友谊非常深厚。他还为赵声作画一幅，并题写龚自珍的《漫感》诗一首：

> 绝域从军计惘然，东南幽恨满词笺。
> 一箫一剑平生意，负尽狂名十五年。

苏曼殊如此钟情于革命战友，钟情于革命，其豪侠本色也得到了淋漓尽致的表露和展现。

苏曼殊虽在佛门，却也和许多民国政要有交往。1917年，苏曼殊在上海养病时，就曾经住在孙中山的家里。他临死前还得到过蒋介石的照顾，蒋介石不仅亲自把他从医院接到自己住的地方，还让夫人陈洁如给他做饭吃。苏曼殊去世以后，骨灰一直无法安葬，最后由孙中山出资，把他安葬在了西湖的孤山之阴。"太虚近伪，曼殊率真。内典功夫，固然曼殊为优"，"即出世与入世之法，太虚亦逊曼殊多多也"，孙中山先生把苏曼殊与近代非常著名的佛教大师太虚做比较，可见对苏曼殊评价相当高。

苏曼殊是性情中人，他"奢豪好客，肝胆照人"，所以朋友很

多，交往也非常广泛。柳亚子先生曾经记述过苏曼殊在日本时的情形，他说："海内才智之士，鳞萃辐辏，人人愿从玄瑛游，自以为相见晚。"苏曼殊交往的朋友有：冯自由、刘季平、陈独秀、陈天华、黄兴、朱执信、廖仲恺、何香凝、陈少白、陶成章、居觉生、章太炎、黄侃、柳亚子、陈去病、包天笑、章士钊、蔡元培、陈其美、宋教仁、胡汉民、蒋介石、刘师培、周作人、刘半农、马一浮、于右任等。这些在历史上影响深远的人物，

苏曼殊绘赠陈独秀的《擎舟金牛湖图》（又名《西湖泛舟图》）

几乎占领了当时民国名人的半壁江山。柳无忌先生曾经说："一个个名字排列在我们的脑海里，这差不多成了一幅民国以来文人名士的缩影图。"苏曼殊的这些友人当中，有的在文学上有建树，有的在政治上展拳脚，在当今的历史教科书里，几乎都能够寻找到他们的身影，他们在我国历史上都占有一席之地，所以也不难看出，苏曼殊在我国近代史中的地位和影响也非同一般。

四、苏曼殊笔墨中的现代曙光

这里所提到的现代性，主要是指作者或者其文字中对人作为人的本真属性的一种关注、展示或表达。即人作为人在社会发展进程中所具有的特性。苏曼殊是性情中人，他没有刻意地或者说

理性地去关注人在社会中的发展，而是在他的文学作品中，或多或少地融入了西方的现代观念。他的求学经历使得他自觉或不自觉地关注了人的本真属性，因此，他的作品在内容、思想、形式和艺术特色等方面显现出了某些现代性的特征。

我国清朝末年民国初年的状况与春秋战国时期的状况相类似，它们都是乱世，诸侯各国或是军阀势力割据一方，厉兵秣马，杀伐征讨如同家常便饭。乱世催生了文化领域的兴盛和繁荣。春秋战国时期，诸子百家的诞生影响了一个时代；清末民初，学贯中西、博古通今的大师们璀璨了中华大地。清末民初，穿着长袍马褂的遗老遗少和穿着西装革履的留洋博士同台竞技，可以说人才辈出、群星闪耀。正是这样的风格碰撞，才有了文化的奇光异彩。民国初年的中国文坛，文学作品在内容上多以休闲、消遣类为主旨；风格方面，用苏曼殊的诗来形容就是"袈裟点点疑樱瓣，半是脂痕半泪痕"，缠绵悱恻、凄美绝伦、幽艳奇绝，可以说鸳鸯蝴蝶派影响深远。

苏曼殊的出现，打破了这样的酸软局面。苏曼殊的小说，独树一帜，开辟了民国初年文坛的新格局，展现了清新的小气象。他的作品已经自觉融入了西方的现代观念，以对"人"的关注和悲剧意识的显现为特点，超越了中国传统小说的观念和艺术技巧，显现出了鲜明的现代意识和现代性品格，对中国文学的现代化产生了积极而深远的影响。所以说，苏曼殊是"不可无一，不可有二"的，他以敏锐的才情，别致的诗歌、小说、散文、翻译、绘画鹤立文坛，赢得无数学者、读者的击节和喝彩。特别是他的小说，不仅以独到的诗情、俊逸的风格在民国初期独树一帜，而且以格式的与众不同、意蕴的深远悠长开启了20世纪20年代浪漫抒情小说的先河。他作品的现代曙光，主要表现在以下两个方面。

（一）苏曼殊注重通过对人物形象的塑造，表现人物的自然本性，再现人物的真实情感

苏曼殊这样处理其小说人物形象，实质上是在描述一种"人"

的意识的朦胧觉醒。

第一，从他小说中刻画的主要人物对爱情的渴望与追求上分析。前面的章节已经提到过，苏曼殊创作的小说共六部，有《断鸿零雁记》《焚剑记》《碎簪记》《非梦记》《绛纱记》五篇和一篇没有写完的《天涯红泪记》，全部都是言情小说。苏曼殊笔下所言的情以爱情为基础，小说中的男女主人公的故事，与以往封建社会所倡导的"父母之命、媒妁之言"的模式有着本质的区别。如《断鸿零雁记》中的三郎与静子、雪梅，《绛纱记》中的昙鸾与五姑，梦珠与秋云，《焚剑记》中的独孤粲与阿兰，《碎簪记》中的庄湜与灵芳、莲佩，《非梦记》中的燕海琴与薇香、凤娴……这些青年男女都有着深厚的感情做基础，他们互相爱慕，渴望真挚的感情开花结果，这是最正常的真实感情。苏曼殊接受过西方教育，深受西方自由思想的影响，他通过塑造人物形象，来表达人物之间的真情实感，以期让读者在那样的年代，感知人之为人的自然本真的一面。这所反映的也恰恰是"人"的意识的觉醒。

第二，表现在苏曼殊在小说中对人的本能、人的欲望的描摹。苏曼殊是一位僧人，他虽然没有遵守佛寺的清规戒律，但还是有底线，有着佛家的禁忌的。但他是一个自然人，是一个有着文学性情和信仰的年轻人。虽然对人的本能欲望的描摹刻画属于在封建意识的禁锢下禁止涉足的领域，但苏曼殊在他的小说中，还是大胆打破了封建禁欲主义与佛教的禁锢，写出了人之为人的本能欲望。如在《断鸿零雁记》中，苏曼殊就塑造了这样一个男性主人公形象：三郎是一个僧人，他既想遵守作为一个佛教徒应该遵守的戒律，又斩不断与所爱之人的情丝，他陷在灵与肉的激烈冲突中，难以自拔。这样的情感与理智的猛烈碰撞，不仅没有损毁三郎的形象，反而使其形象更加真实、饱满。另一部小说《绛纱记》里，男主人公梦珠也出家为僧，但对恋人秋云的感情也没有改变，爱情与宗教在他的心中发生了难以调和的冲突，软弱的梦珠选择了死亡。可是，即便是这样，他也进行了抗争。他死了，留下他和秋云的爱情信物——绛纱。苏曼殊通过绛纱这个细节，成功地刻画了一个痴情的和尚，并且对男女主人公的性爱心理进行了淋漓尽致地展示。虽然他们没有实质性的进展，但仅仅这些心理的描述，也能够反映出"人"的意识觉醒的光芒。

第三，苏曼殊的小说中有对人的独立性、自主性的认可和摹写。独立性和自主性是人的现代性的首要属性。马克思曾经说过，有着几千年封建宗法统治的中国，是一个"轻视人，蔑视人，使人不成其为人"，"使世界不成其为人的世界"的社会。那个时期，个人完全被国家和家庭所遮盖，毫无独立性、自主性可言。中国传统文学是用以"载道"的文学，而不是"人"的文学，人总是处在文学的边缘地带，没有独立的地位。而苏曼殊则不同，他在小说中注重塑造人物形象，表现人物的自然本性，再现人物的真实情感。他在写作中突破了传统文化的束缚和传统文学观念的钳制，他是无畏的，是无愧于那个时代的。

第四，苏曼殊小说中对女性独立人格和地位的描写。在母系氏族之后相当长的一段时期，我国都是一个男权意识极强的国家。女人没有独立的地位和人格，不管是在家庭还是在社会，她们只能作为男人的附庸。夫为妻纲，男子可以三妻四妾，女子却要从一而终。但在苏曼殊的小说中，女性是爱情积极主动的表达者、追求者。静子对三郎的"粉身碎骨，以卫三郎"，秋云对梦珠的"苦苦找寻"，五姑对昙鸾的"换颈亲吻"，凤娴对燕海琴的"以颊偎颊，抱生亲吻"等等，这些情节无不体现出女性在情感上的主动性。此外，苏曼殊的小说中，男人对爱情也是忠贞不贰的，他写出了恋爱中男女双方的平等。

另外，苏曼殊笔下的女性形象，个性鲜明，具有时代特色，她们年轻貌美、温柔贤惠，如对爱情忠贞不渝的雪梅、阿兰，体贴入微的静子、凤娴、莲佩，通情达理的薇香、灵芳等等；她们精通古今、学贯中西，比如熟悉古诗文、拥有高超绘画技巧和广博禅经学问的静子、熟练并精通绘画技艺的薇香、"幼工刺绣，兼

通经史"且"英法文学，能道其教义"的莲佩等等；她们贤淑忠诚，但又不唯唯诺诺、逆来顺受，比如雪梅宁死也不遵从父母之命去做富贵人家的媳妇，五姑得知父亲逼未婚夫解除婚约后，毅然与未婚夫私奔等等。对自由的追求和对爱情的向往，使得她们敢于反抗封建伦理纲常束缚，敢于抛弃"女子无才便是德"的封建信条，敢于背叛"父母之命，媒妁之言"的封建婚姻法则。与当时处在社会最底层、备受奴役和压迫、没有人格、没有尊严的女性有着本质的区别，这是苏曼殊的发现和塑造，他以那饱满的笔触、细腻的情感，充分给予这些奔赴幸福与希望的新女性赞美和肯定，使女性获得了作为"人"应有的权利和地位。这种对女性的"人"的地位的发现与确认，不仅是对女性的生命存在意义的肯定，更是对女性作为"人"的品性的现代意义层面的解读。

第五，苏曼殊的小说深刻揭露和尖锐批判了封建礼教和封建宗法制度"吃人"的本质。比如，《断鸿零雁记》刻画了男女主人公灵与肉的冲突，写出了封建婚姻制度对人性的遏制和摧残；《碎簪记》中，三条无辜的生命被无情杀害；《非梦记》叙写了薇香的殉情和燕海琴的被迫出家为僧；《绛纱记》叙写了昙鸾与五姑的爱情悲剧……苏曼殊的小说都是悲剧，可以说这些悲剧都是封建礼教和封建宗法制度干涉的结果。在这些作品中，苏曼殊揭示了社会的黑暗和人民的流离失所，还把笔触深入到了人们的内心世界，深刻描摹刻画了小说中的人物所遭受的精神束缚和思想禁锢，画面式地展现了封建宗法制度和封建礼教带给青年男女的精神痛苦和爱情创伤。这有力抨击了封建伦理观念和婚姻制度的腐朽与残酷，揭露了封建礼教的罪恶和封建制度的"吃人"本质。虽然苏曼殊在作品中仍流露出对封建道德规范和伦理观念的眷念之情，对个性解放、婚姻自由追求不够强烈，反封建不彻底，但他的小说中所隐含的鲜明的个性解放和反封建色彩，中西文化的冲突与交融意识，都是他和他的小说拥有一定现代性的具体表现。

（二）苏曼殊的小说，无论是题材、人物，还是结局，都凸

显了强烈的悲剧意识

胡适曾说过："中国文学最缺乏的是悲剧观念，无论是小说，是戏剧，总是一个美满的团圆。"苏曼殊的小说打破了传统文学所固有的"有情人终成眷属"模式，切入西方现代悲剧观念，去关注人本身，关注人生，正视人的缺陷与苦痛，以富有历史责任感的笔触摹写出一幕幕精彩的人生悲剧，彰显出深远的历史意义和浓厚的悲剧意识。正因为这样，苏曼殊的小说中所呈现的悲剧画面和悲剧意识，也成为他小说中所体现的现代性的一个重要参照。

首先是苏曼殊小说中所塑造的人物性格的悲剧性。苏曼殊小说独有的一个特征是，他所塑造的男主人公形象几乎都是孤独的、病态的、懦弱的、叛逆的。比如《断鸿零雁记》中，一开始出现的三郎是温柔多情的，可是，当雪梅的父亲悔婚时，他没有任何为自己、为爱人争取的作为，而选择了出家当和尚。这样压抑自我，逃避社会，既是对自己的不负责，也是对恋人的亵渎。另外，当面对静子的温柔和母亲的强硬时，他犹豫不决、优柔寡断，最终选择逃避。他的离开把静子推向了悲剧的深渊，也彻底把爱情毁灭。《碎簪记》里的男主人公庄湜更是如此。他优柔寡断、郁郁寡欢，只知道以泪洗面。虽然他对灵芳的爱恋坚如磐石——"寸心注定，万劫不移"，但是，当他的叔婶不同意时，他又不敢反抗，所以悲剧的结局是显而易见的，最终三人殉情。男主人公性格上的不健全，或者说与生俱来的悲剧性格，直接导致了美好的爱情成为虚幻的泡影。

其次是苏曼殊小说中所摹写的爱情故事，其结局无一例外都是悲剧。对生命的尊重和爱惜，对生命真谛的探索，一直是人类永恒的话题。鲁迅说："人是生物，生命便是第一义。"可是，苏曼殊对生命有另外一种感悟，他的生活、他的写作、他笔下的人物，好像都是为了死亡而来的。他曾一度不爱惜身体，暴饮暴食以求速死，他小说中的主人公，不是殉情自杀，就是病逝或出家，他好像刻意将主人公写死，好像只有死亡，才是最好的结局，才

是对生命最好的诠释。比如《碎簪记》中的灵芳，她曾游学罗马，仪态万方，又宽宏体谅，莲佩也非常优秀，她不仅容光靡艳、丰韵俏逸，而且学识广博；《焚剑记》中，女主阿兰是个端庄秀丽、知书达理的女子；《绛纱记》中的秋云风姿绰约，五姑也温婉贤淑；《非梦记》中的女主薇香更是一个贤淑有德的女子，非一般女子所能比拟……这些年轻美貌、才德兼备的女子，在苏曼殊的笔下都以悲剧终结了短短的一生。灵芳、莲佩、薇香都殉情而死，阿兰、五姑病死异乡，秋云出家做了尼姑……鲁迅先生曾说过："悲剧是把有价值的东西毁灭给人看。"好像这一论断在她们的身上得到了实际的践行和体现。苏曼殊的身世和经历、苦难和坎坷，决定了他的创作。他真心实意地赋予她们美好，又毫无怜惜地置她们于万劫不复，而正是通过对这些美好生命毁灭的叙写，苏曼殊强烈批判和痛击了当时阴暗腐朽的社会，增强了其作品的悲剧意蕴和现代特性。

毋庸置疑，苏曼殊的小说之所以能在民国初年的文坛上别开生面、一枝独秀，是有着内在的、深层的原因的。苏曼殊吸收借鉴了西方的文学观念和艺术技巧，他对"人"的关注、作品中悲剧意识的显现无不呈现出现代性的光辉，还有其为五四新小说提供的资源，都对中国现代小说特别是现代自我抒情小说的产生和发展产生了积极而深远的影响。

附　录
苏曼殊年谱①

1. 一八八四年（一岁）

九月二十八日，生于日本横滨。姓苏名戬，字子谷，小名三郎，后改名元（玄）瑛。原籍广东省香山县恭常都沥溪乡苏家巷（今珠海市前山街道沥溪社区）。

祖父苏瑞林，名仕昌，经营进口业起家。时年六十七岁，退休在原籍。生有五子一女。

祖母林氏，时年六十，在夫籍。生有二子，即长子杰生，次子德生。庶祖母容氏，生有三子一女，即第三子名朝佐，号明生；第四子名朝宗，号镛甫；第五子名朝勋；女名彩屏。

父亲苏杰生，名胜，一名仁章，又名朝英，时年四十。横滨英商万隆茶行买办。住山下町第三三番地。生有三子六女。

嫡母黄氏，中山人，时年三十七。在夫籍。义母河合仙，日本人，时年三十六，在横滨。生母河合若子，时年十九，河合仙之妹，在苏家助理家务。杰生与她私通，怀孕后借辞工移居别处。曼殊生未三月，若子便跟杰生脱离关系，不知其踪。杰生把曼殊

---

① 摘录自苏曼殊诗，马以君笺注：《燕子龛诗笺注》，四川人民出版社，1983 年版。有改动。

交河合仙抚养。庶母大陈氏，中山人，时年十七，在横滨。

大姐苏燕，黄氏生，时年十三，在原籍。后嫁南屏乡容姓。长兄苏焯，字子煊，号煦亭，黄氏所生，时年十岁，在原籍。次兄苏焜，黄氏生。已殇。

叔父德生，名朝晖，在原籍。

堂兄维春，名海，字怀亮，号静波，德生长子，时年八岁，在原籍。堂兄维翰，名康镇，号墨斋，德生次子，时年两岁，在原籍。

姑母彩屏，嫁同乡陈猷墀，在夫家。

2. 一八八五年（二岁）

在横滨，随河合仙生活。

3. 一八八六年（三岁）

在横滨。

黄氏从原籍东渡横滨，与杰生、河合仙、大陈氏同住。

长妹惠龄出世，大陈氏生。后嫁北山乡杨耀垣。

4. 一八八七年（四岁）

在横滨。好图画。

5. 一八八八年（五岁）

在横滨。

次妹祝年出世，大陈氏生。后嫁果福缘村杨善初。

德生第三子苏铿（字维锵、号澄波）出世，在原籍。

6. 一八八九年（六岁）

随黄氏回原籍。

7. 一八九〇年（七岁）

在原籍，入乡塾。业师苏若泉，清举人。

三妹惠芬出世，大陈氏生。后嫁梅溪乡陈介卿。

苏焯与陈家女订婚。

8. 一八九一年（八岁）

在乡塾就读。

庶母小陈氏，中山人，时年十九。自原籍至横滨，嫁杰生，与河合仙、大陈氏同住。

9. 一八九二年（九岁）

在乡塾就读。

万隆茶行营业失败。十二月八日，杰生偕两陈氏返原籍。

河合仙因大陈氏挑唆而与杰生关系破裂，自居横滨云绪町一丁目第五二番地。

10. 一八九三年（十岁）

在乡塾就读。

11. 一八九四年（十一岁）

在乡塾就读。

苏焯结婚。

12. 一八九五年（十二岁）

在乡塾就读。

杰生往上海经商。大陈氏及其所生的女儿同往。

苏焯至横滨，在表叔林北泉处学习商业。

四妹齐出世，大陈氏生。早夭。

德生第四子苏康骈（字维骏，号怀彦）出世。

13. 一八九六年（十三岁）

三月，随姑丈、姑母至上海。与父亲及大陈氏等同住。
学习中英文，认识西班牙罗弼·庄湘博士。

14. 一八九七年（十四岁）

随庄湘博士学习中英文。

四月，祖父患病，父亲回原籍照料。十一月十四日，祖父病逝，终年八十。

十一月下旬，大陈氏携同女儿回故乡。转随姑丈、姑母生活。学费由父亲世交陈仲谱资助。

十二月，小陈氏病逝于夫籍。年二十五。

15. 一八九八年（十五岁）

随表兄林紫垣东渡横滨。考入华侨开办的大同学校学习中文。与冯懋龙（自由）、郑贯一、张文渭、苏维翰等同学。

与苏焯相遇，但来往甚少。

16. 一八九九年（十六岁）

在大同中学就读。
自横滨返广州，披剃于蒲涧寺，后犯戒被逐。
东渡横滨，重入大同学校。

17. 一九〇〇年（十七岁）

在大同学校学习中英文。间作画。

18. 一九〇一年（十八岁）

在大同学校学习中英文。间作画，助教美术。

苏焯回原籍。

19. 一九〇二年（十九岁）

与苏维翰、张文渭至东京筹议升学，先投考高等师范学校，只维翰考上；转而考入早稻田大学高等预科，住牛込区榎本町某廉价旅馆。

冬，加入革命团体青年会，结识秦毓鎏（效鲁）、叶澜（清漪）等。开始致力于古诗文辞，才思大进。

幼妹苏惠珊出世，大陈氏生。后嫁茅湾乡李晋庠。

苏焯至神户经商。

20. 一九〇三年（二十岁）

初春，改名"苏湜"，考入成城学校学习陆军，与刘三（季平）同学，关系十分密切。

四月，加入"拒俄义勇队"（后改名为"军国民教育会"），遭林紫垣反对，断其接济，迫其辍学返原籍。

九月初，乘"博爱丸"回国。苏维翰、张文渭冒雨送别。在船上，写伪遗书寄林紫垣，托词投海自杀。

抵上海登岸，即到苏州吴中公学任教，与包天笑（公毅）、祝心渊（秉纲）等同事。间有作画写诗，如《吴门道中闻笛示诸同学》、《儿童朴满图赠包天笑》、《以诗并画留别汤国顿》（二首）。

九、十月间，离苏州到上海任《国民日日报》翻译，与陈独秀（仲甫）、章士钊（行严）、何梅士（靡施）等同事。

译嚣俄（雨果）《惨社会》（一名《惨世界》），撰《女杰郭耳缦》《呜呼广东人》，均刊于《国民日日报》。

十二月一日《国民日日报》内讧停版，与陈独秀、章士钊、何梅士租屋同住。几天后，留言离上海而去。

入湖南"参拜衡山，登祝融峰，俯视湘流明灭"。作画赠雨华庵老僧。

十二月中旬，抵香港，得冯自由介绍，住《中国日报》社陈少白处，结识王秋湄（莅）等。

十二月决意再度出家。得陈少白资助数十元。途中得人荐往惠州某破庙拜一老和尚为师。

21. 一九○四年（二十一岁）

二月中旬，窃取其已故师兄遗凡（法名"博经"）在广州雷峰海云寺的度牒。自此便以度牒上所称的"新会慧龙寺赞初长老弟子博经"自称，并自命法号曰"曼殊"。

自惠州步行至广州，转乘轮船到香港，住《中国日报》社。拟用手枪暗杀保皇党首领康有为，被陈少白力阻乃止。

三月中旬，遇同乡简世锡，简告知其父在原籍病重，力劝速返，曼殊以无资对。其父于三月十五日病逝，得年六十。

三月下旬，自香港至上海，到国学社访叶澜，决计南游。

春末，得亲友资助，自上海启程历游暹罗、锡兰，经南洋（越南）返国。在暹罗，跟乔悉磨长老学习梵文，应聘于盘谷青年会；在锡兰，应聘于菩提寺。在南洋，再次受戒。

七、八月间，经广州至长沙，应秦毓鎏聘任湖南实业学堂教员，与张继（溥泉）、杨德邻（性恂）、杨守仁（笃生）等同事。

冬，华兴会在湖南的计划失败，秦毓鎏等出走。

22. 一九○五年（二十二岁）

上半年，在实业学堂任教。

暑假，至上海，访秦毓鎏，经常出入歌场妓院。

秋，前往杭州，泛舟西湖，作画寄陈独秀。住白云庵，作《住西湖白云禅院作此》一诗。

深秋，到南京，任陆军小学英文教师，与刘三同事。作《登鸡鸣寺观台城后湖》相赠。

结识新军标统赵声（字伯先），时相来往，作《绝域从军图》，请刘三在上面题龚定庵绝句《漫感》相赠。

认识秦淮河歌伎金凤。

23. 一九〇六年（二十三岁）

一月二十五日，与刘师培（申叔）同过马关，作画相赠。

送印度友人波逻罕返国，作《江干萧寺图》赠别。

初春，至长沙，任明德学堂图画教员，与胡子靖（元倓）同事。居永福寺。

三月初作《花朝》《春日》二诗。

作《渡湘水怀金凤图》。

夏，应刘师培邀请，至芜湖皖江中学堂任教。结识邓绳侯（萩孙）、陶成章（焕卿）、龚宗铨（薇生）等。与邓绳侯、江彤侯游南京，合照留念。作《莫愁湖寓望》一诗。撰成《文学因缘》。

作《题画》诗。

暑假至上海，会晤刘三，认识柳亚子。

与陈独秀东渡日本寻义母河合仙，不遇。

初秋，在须磨海岸作画送水野氏南归。

八月下旬，自日本归国，再至皖江中学堂，因学校风潮，未

须磨海岸图 苏曼殊

上课。

九月上旬，从芜湖至南京会晤刘三。作画寄刘师培。

十月四日，自南京返芜湖。

十月中旬，与陶成章、龚宗铨离芜湖前往上海，拟入留云寺为僧，未成。

十月二十一日，与陶成章、龚宗铨到杭州游西湖。

十月二十六日，离杭州去上海，住爱国女校。得英人祖梨手绘《露伊斯美索尔像》，即撰文志之，发表于《天义报》。会晤刘师培，得邓绳侯赠诗。

十二月上旬，迁往中国同盟会驻沪机关总部。寂处小楼，自学梵文。

24. 一九〇七年（二十四岁）

一月六日，离上海赴温州。

一月中旬，自温州返上海。

二月十三日，与刘师培、何震夫妇东渡至东京，与章炳麟（太炎）等同住《民报》社。其间埋头梵文著译和作画。完成《梵文典》数卷，撰自序及广告，章炳麟亦为之作序。在《民报》增刊《天讨》上发表《猎狐图》《岳鄂王夜游池州翠微亭图》《徐中山王泛舟莫愁湖图》《陈元孝题奇石壁图》《太平天国翼王夜啸图》等画幅。

时往探望河合仙，"三至扶桑，一省慈母"（《画谱自序》）。

作《忆刘三、天梅》一诗。

春，与章炳麟、刘师培、何震、陈独秀等发起成立"亚洲和亲会。"

夏，与周树人（豫才）等人筹备《新生》杂志出版，未成。

七、八月间，迁居《天义报》社，与刘师培夫妇同住。先后在《天义报》副刊发表《女娲象》《孤山图》《邓太妙秋思图》《江干萧寺图》《清秋弦月图》等。

何震辑《曼殊画谱》,河合仙题序,章炳麟题跋。拟与《梵文典》一并付印,未成。先后撰《画谱自序》《秋瑾遗诗·序》《海哥美尔氏名画赞》等。

《文学因缘》第一卷在东京印行。

九月下旬,自东京返上海,在国学保存会藏书楼与陈去病(法忍)同住,"对床风雨,意极可亲"(《答刘三信》)。

认识黄晦闻(节)、邓秋枚(实)、诸贞壮(宗元),以及蔡哲夫(守)、张倾城夫妇。

认识伎女花雪南。

十二月十日,东渡东京,访张文渭。

25. 一九〇八年(二十五岁)

一月二日,旅次长崎。

二月,住清寿馆,专读拜伦诗,后患肝跳病,入横滨医院。铜印《万梅图》《登鸡鸣寺观台城后湖图》《渡湘水寄怀金凤图》等三十余幅画。未成。

三月,转至《天义报》社与刘师培、何震夫妇同住,译《阿输迦王表彰佛诞生处》。拟进真宗大学修习梵文,未成。

四月十日祖母林氏于原籍病逝,得年八十四。

发表《岭海幽光录》于《民报》。

五月初,章炳麟与刘师培发生矛盾,曼殊遭刘师培夫妇迁怒,即迁往友人家以避,"漂泊无以为计"。

六月,译成《娑罗海滨遁迹记》,发表于《民报》。

秋,拟与章炳麟同游印度,未成。

九月,至上海,住田中旅馆。九月中旬,至西湖白云庵,认识僧人得山、意周,不久移至韬光庵,作《听鹃图》一幅及《西湖韬光庵夜闻鹃声柬刘三》诗一首。

《拜伦诗选》出版。

十月初,离杭州返上海。十月七日,应杨仁山(文会)函召

至南京祇垣精舍任英文教员，住延龄巷杨公馆，与李晓暾（世由）、陈伯严（三立）同事。

译《印度法护尊者达波磨罗致杨仁山信》两封。

白零大学教授法兰居士来访。

冬，往来南京、上海之间。

十二月十日，患脑病，在祇洹精舍静养，杨仁山详细介绍秦淮马湘兰证果事。

26. 一九○九年（二十六岁）

一月初，离上海东渡东京，与张卓身、龚微生、罗黑芷、沈兼士住东京小石川，自题寓所为"智度寺"。迁清寿馆与陈独秀同住。

作《久欲南归罗浮不果，因望不二山有感，聊书所怀，寄二兄广州，兼呈晦闻、哲夫、秋枚三公沪上》一诗。撰成《潮音》。

结识歌伎百助，时相往来。

作《风絮美人图》赠黄晦闻。

三月，迁居江户，常与陈独秀、章士钊、章炳麟、黄侃、邓以蛰等聚会。这段时间作诗较多，自称"近得数绝""得稿盈寸"。如：《本事诗》（十首）、《为调筝人绘像》（二首）、《题〈静女调筝图〉》、《调筝人将行属〈金粉江山图〉题赠二绝》、《寄调筝人》（三首）、《代柯子柬少侯》、《次韵奉答怀宁邓公》、《寄广州晦公》、《游不忍池示仲兄》、《谒平户延平诞生处》。

蔡哲夫把赠自英吉利莲华女士的《师梨诗选》转赠，章炳麟为之题词。作《题〈师梨集〉》一诗。

五月间，迁往东京川又馆，后又迁至玉铭馆。作《失题》《过若松町有感》《过若松町有感示仲兄》《樱花落》等诗。

任梵文学会译师，与印度梵师弥君合译迦梨达舍《云使》诗一首，又自译印度女诗人伫露哆诗一首。作《文姬图》，黄侃代题辞，寄刘三。

往淀江省义母河合仙。作《淀江道中口占》《过蒲田》等诗。

六月，陪河合仙旅居逗子海滨。作《落日》。

八月，自江户返上海，经蔡哲夫介绍，认识佛莱蔗，佛莱蔗为题画册。

疑作《题蔡哲夫藏坦当〈山水册〉》。

九月，自上海赴杭州西湖白云庵。探望刘三，赠以"东海女诗人"相片。值刘师培变节。有人怀疑其与之同流合污；雷昭性投函警告。为表清白，即离杭州赴上海。

撰英文《潮音·序》。

深秋，南游至星嘉坡。遇庄湘博士及其第五女儿雪鸿。雪鸿赠西诗数册，并把英译《燕子笺》携往西班牙玛德利谋求出版。

赴爪哇。船中作《题〈拜伦集〉》一诗。任爪哇嗒哑中华学校英文教员。

拟译《沙恭达罗》，未成。

在嗒哑中华学校任教。咯血症复发。

作《耶婆提病中末公见示新作，伏枕奉答，兼呈旷处士》一诗。作《赠黄水淇》诗（稿佚）。

28. 一九一一年（二十八岁）

初夏，撰《答马德利庄湘处士书》。

五月，自嗒哑东渡日本东京，途经广州，访黄晦闻、蔡哲夫。

在东京，遇费天健（公直），书苏格兰诗人彭斯《颖颖赤蔷薇》（中英文）直幅相赠。

暑假结束，仍返嗒哑。

十月十日，武昌起义，接着上海光复。即典衣卖书，急谋归国。后因学校工作关系，未成。

《潮音》在东京出版。

29. 一九一二年（二十九岁）

二月，自噶哑返国，与魏石生、许绍南同行。途经苏门答腊，作《别云上人》一诗。

至香港，认识平智础。

苏维翰自中山来访，赠五百元，拍照留念。

绕道广州访黄晦闻、蔡哲夫，后转还香港，短留两天，即赴上海。

三月，应《太平洋报》聘，主笔政。与柳亚子、叶楚伧（叶）、朱少屏（葆康）等同事，遂参加"南社"。

四月，发表《南洋话》《冯春航谈》于《太平洋报》。

四月十一日，与张卓身、李一民赴杭州同游西湖。与张继到秋社访陈去病。作《柬法忍》一诗。

四月十八日返上海。绘《荒城饮马图》交穆弟送香港萧公，代焚化于赵声墓前。

接河合仙电报，促归日本。

四月三十日乘"筑前丸"东渡省义母。

时往书坊搜罗欧人诗集。发表《断鸿零雁记》于《太平洋报》。

五月二十七日，自日本返上海。五月二十八日，发表《华洋义赈会观》于《太平洋报》。

拟重译《茶花女遗事》，未成。

转赠《师梨诗集》给黄侃。

苏维春自青岛来访。

六月中旬，与马小进到华泾访刘三、陆素灵夫妇，为作《黄叶楼图》，绘扇面一幅。（《以胭脂为某君题扇》一诗，疑亦此时作。）

六月十九日，自上海东渡日本。

七月，著成《梵书摩多体文》，桂伯华（赤）为签署，终无法出版。

十月三十日，启程回上海。拟游香港、星嘉坡等地，未成。

十二月十三日，抵安庆，任安徽高等学校教员，与郑桐荪（之蕃）、沈燕梅（一梅）、应溥泉、傅盛勋同事。结识程演生（总持）、易白沙等。作《江湖满地一渔翁图》，并刻"二古轩主人"印章一颗赠程演生。绘扇面数幅赠郑桐荪。

30. 一九一三年（三十岁）

一月，作客盛泽郑桐荪家。随即与沈燕谋、朱贡三同至上海，租住南京路第一行台旅馆。（《无题》八首诗疑作于此前后。）

二月与张卓身、李一民至杭州，住西湖图书馆。不久即返上海，仍住第一行台。

四月中旬，郑桐荪来上海，不久同游苏州。

五月，住上海。后往安庆。

六月初，从安庆到上海。与沈燕谋游舜湖。

六月十六日，至盛泽郑桐荪家。六月二十六日，赴苏州，住郑访春（桐荪兄）家。与郑桐荪、沈燕谋同编《汉英辞典》《英汉辞典》。

作《吴门依易生韵》（十一首）。欲游泰山，未成。

七月九日，到上海治病。中旬，返苏州。

八月，与平智础游西湖，住白云庵。作《何处》《南楼寺怀法忍、叶叶》二诗。

十月，返上海，租住第一行台。作《为玉鸾女弟绘扇》《佳人》《饮席赠歌者贾翰卿》等诗。

发表《燕子龛随笔》于《生活日报》《华侨杂志》。

十一月七日，发表《燕影剧谈》于《生活日报》。

十二月，患肠疾，遵医嘱赴日本养病。临行作《东行别仲兄》一诗。至西京，游琵琶湖，病复发。

31. 一九一四年（三十一岁）

一月，至东京，住牛込区鹤卷町第三○七番地。结识孙逸仙（文）、萧纫秋（萱）、居觉生（正）、田梓琴（桐）、杨沧白（庶堪）、邵玄中（元中）、邓孟硕（家彦）、戴季陶（传贤）。

先后至太久保、早稻田、追分町、大森、热海等地。

二月，至东京，专攻《三论宗》。住十日，复赴西京。随后到横滨、羽田、妙见岛、千叶海边等地。

作《憩平原别邸赠玄玄》《偶成》《芳草》等诗。

四月，发表《天涯红泪记》于《民国》杂志。删订《燕子龛随笔》。

七月，撰《双秤记·序》，发表于《甲寅》杂志。

八月，《汉英三昧集》在东京出版。此书为其所编辑之中英诗歌合集。

是年，为中华革命党之宣传出版，努力甚多。

又有游英国、瑞士的设想，终不遂。

32. 一九一五年（三十二岁）

二月，到兵库、和歌、浦等地。

四月上中旬，到塔泽、强罗、小涌谷、热海等地。

患散里哆呋斯病，五月三日，到东京治疗。

为冯自由作《三次革命军》题辞。

七月，发表《绛纱记》于《甲寅》杂志。

八月，发表《焚剑记》于《甲寅》杂志。

秋，病愈出院。

作《东居杂诗》（十九首），《碧阑干》（一首）。

33. 一九一六年（三十三岁）

闻居觉生于山东起护国军讨袁，即前往青岛拜访。与周南陔游崂山。

自青岛至上海，寓环龙路四十四号孙文寓所。

十月遇见郑桐荪等。

往来于杭州、上海之间。

十一月发表《碎簪记》于《新青年》杂志。

十二月住西湖秋社、陶社、巢居阁等处，撰《人鬼记》。

34. 一九一七年（三十四岁）

一月，自杭州至上海。

二月，遇邓孟硕、邵玄中、撰《送邓邵二君序》。

四月下旬，自上海东渡省母，途经长崎、马关、神户。

五月四日，抵东京。与河合仙游箱根。

六月，肠胃病大发，返上海住飞霞路宝康里，与柳亚子等来往。认识伶人小如意、小杨月楼等。撰《非梦记》。

七月，住卢家湾程演生家楼中，叶楚伧、邓孟硕时来探望。

秋，肠胃病复发，移居白尔部路新民里十一号与蒋介石、陈果夫同住。肠胃病加深，痔疮病大发。

冬，入海宁医院就医，周南陔等时来探望。

35. 一九一八年（三十五岁）

二月，病情恶化，"不能起立，日泻五六次"。转入广慈医院，周南陔等时来探望，时得柳亚子、章行严等资助。

五月二日下午四时，病逝。

六月九日正午葬于杭州西湖孤山北麓，西泠桥南堍。

参考书目

著作及作品：

1. 苏曼殊诗，马以君笺：《燕子龛诗笺注》，四川人民出版社，1983。

2. 苏曼殊著，柳亚子编订：《苏曼殊全集》，哈尔滨出版社，2011。

191

3. 苏曼殊著，柳无忌编：《曼殊大师纪念集》，正风出版社，1949。

4. 胡适：《尝试集》，人民文学出版社，1984。

5. 柳无忌著，王晶垚译：《苏曼殊传》，生活·读书·新知三联书店，1992。

6. 胡适选编：《中国新文学大系·理论建设集》，上海良友图书印刷公司，1935。

7. 陈独秀：《〈绛纱记〉序》，载陈平原、夏晓虹编：《二十世纪中国小说理论资料》第一卷，北京大学出版社，1989。

8. 海绮楼主人：《〈霄玉怨〉序》，载陈平原、夏晓虹编：《二十世纪中国小说理论资料》第一卷，北京大学出版社，1989。

9. 梁启超著，林毅校点：《梁启超史学论著三种》，三联书店（香港）有限公司，1980。

10. 陈平原、夏晓虹编：《二十世纪中国小说理论资料》第一卷，北京大学出版社，1989。

11. 罗新璋编：《翻译论集》，商务印书馆，1984。

12. 《中国近代文学论文集·小说卷》，中国社会科学出版社，1983。

13. 张韧：《小说世界探索录》，工人出版社，1988。

14. 艾青：《艾青论创作》，上海文艺出版社，1985。

15. 北冈正子著，何乃英译：《摩罗诗力说材源考》，北京师范大学出版社，1983。

16. 文直公编：《曼殊大师全集》，上海教育书店，1947。

17. 杨义主笔，中井政喜、张中良合著：《中国新文学图志》，人民文学出版社，1996。

18. 南帆：《文学的维度》，上海三联书店，1998。

19. 马克思：《1844 年经济学哲学手稿》，人民出版社，2000。

20. 邹容：《革命军》，载《中国近代史资料丛刊：辛亥革命（一）》，上海人民出版社，1957。

21. 瞿秋白：《瞿秋白诗文选》，人民文学出版社，1982。

22. 王广西：《佛学与中国近代诗坛》，河南大学出版社，1995。

23. 黄沛功：《燕子龛诗序》，载《近代文学史料》，中国社会科学出版社，1985。

24. 程文超：《1903：前夜的涌动》，山东教育出版社，1998。

25. 郭延礼：《中国近代翻译文学概论》，湖北教育出版社，1998。

26. 陈福康：《中国译学理论史稿》，上海外语教育出版社，2000。

27. 莫世祥编：《马君武集》，华中师范大学出版社，1991。

28. 裴效维校点：《苏曼殊小说诗歌集》，中国社会科学出版社，1982。

29. 胡维革：《中国近代史断论》，吉林教育出版社，1998。

30. 乐黛云、勒·比雄主编：《独角兽与龙——在寻找中西文化普遍性中的误读》，北京大学出版社，1995。

31. 陈星：《孤云野鹤·苏曼殊》，山东画报出版社，1995。

32. 柳亚子：《苏曼殊研究》，上海人民出版社，1987。

33. 裴效维：《苏曼殊研究中的几个问题》，载中国社会科学院近代文学研究组编：《中国近代文学研究集》，中国文联出版公司，1986。

34. 柳无忌：《曼殊逸著两种后记》，载苏曼殊著：《莲心向佛》，新世界出版社，2013。

35. 雷锐：《跨进现代——中国文学现代化之研究》，人民出版社，2002。

36. 杨联芬：《晚清至五四：中国文学现代性的发生》，北京大学出版社，2003。

37. 孟华主编：《比较文学形象学》，北京大学出版社，2001。

38. 王芸生编：《六十年来中国与日本》第 5 卷，三联书店，2005。

39. 陈子展：《中国近代文学之变迁·最近三十年中国文学史》，上海古籍出版社，2000。

40. 谢天振、查明建主编：《中国现代翻译文学史（1898—1949）》，上海外语教育出版社，2004。

41. 刘诚、盛晓玲：《情僧诗僧苏曼殊》，学林出版社，2004。

42. 武吉庆：《五四前后的新文化派与文化保守派——价值观比较》，中华书局，2011。

43. 刘心皇：《苏曼殊大师新传》，东大图书有限公司，1984。

44. 黄永健：《苏曼殊诗画论》，中国社会科学出版社，2001。

45. 周作人：《答芸深先生》，载《谈龙集》，河北教育出版社，2002。

论文：

1. 钱雯：《"五四"新小说与苏曼殊资源》，《文学评论》，2011.6。

2. 陈春香：《苏曼殊诗歌创作的中国传统与日本意象》，《文学评论》，2008.3。

3. 邵迎武：《对生命个体的哲学思考——漫论苏曼殊》，《江苏师范大学学报（哲学社会科学版）》，1989.4。

4. 邱冠、佘爱春：《蜕变、逆转中的现代曙光——论苏曼殊小说的现代性品格》，《玉林师范学院学报（哲学社会科学）》，2004.2。

5. 卢天玉：《走不出的情与佛——从〈绛纱记〉看苏曼殊的思想矛盾》，《广东工业大学学报（社会科学版）》，2004.3。

6. 郭长海：《试论中国近代的译诗》，《社会科学战线》，1996.3。

7. 王建明：《从苏曼殊的小说看他的爱情婚姻理想》，《中国文学研究》，1992.4。

8. 牛明慧：《独卧青灯古佛旁　有情更比无情苦——论苏曼殊小说〈断鸿零雁记〉》，《文学界（理论版）》，2012.6。

9. 刘川鄂：《自由观念与中国近代文学》，《社会科学战线》，1999.1。

10. 余杰：《狂飙中的拜伦之歌——以梁启超、苏曼殊、鲁迅为中心探讨清末民初文人的拜伦观》，《鲁迅研究》，1999.9。

11. 袁荻涌：《苏曼殊与外国文学》，《青海社会科学》，2001.5。

12. 戴从容：《拜伦在五四时期的中国》，《苏州大学学报（哲学社会科学版）》，2003.1。

13. 毛闯宇：《诗僧苏曼殊轶事》，《世纪》，2009.2。

14. 刘茉琳：《戴着镣铐跳舞的苏曼殊》，《名作欣赏》，2010.12。

15. 丁赋生：《断鸿零雁记：佛教文学中的一朵奇葩》，《南通师专学报（社会科学版）》，1999.1。

16. 敖光旭：《苏曼殊与早期新文化派》，《中山大学学报（社

苏曼殊：诗心奇禅思

会科学版)》，2012.4。

17. 丰华瞻：《试评苏曼殊译诗》，《中国翻译》，1989.1。

18. 黄永健：《苏曼殊诗画的禅佛色彩》，《深圳大学学报（人文社会科学版)》，2003.6。

19. 唐月琴：《论苏曼殊的小说创作》，《湖南社会科学》，2003.3。

20. 任广田：《论苏曼殊的思想》，《西北大学学报（哲学社会科学版)》，1996.1。

21. 毛策：《关于苏曼殊的史料》，《文史杂志》，1988.5。

22. 袁荻涌：《苏曼殊与外国文学》，《青海社会科学》，2001.5。

23. 袁荻涌：《浅谈苏曼殊与外国文学的关系》，《文史杂志》，1987.6。

24. 廖七一：《现代诗歌翻译的"独行之士"——论苏曼殊译诗中的"晦"与价值取向》，《中国比较文学》，2007.1。

25. 童然星：《诗僧·画僧·情僧·革命僧——记苏曼殊》，《档案与史学》，2004.4。

26. 吴京：《诗僧苏曼殊还画债》，《文史精华》，1999.4。

27. 李蔚：《苏曼殊的绘画与画跋（补遗)》，《兰州学刊》，1990.4。

28. 李蔚：《苏曼殊的绘画与画跋（上)》，《兰州学刊》，1988.6。

29. 李蔚：《苏曼殊的绘画与画跋（下)》，《兰州学刊》，1989.1。

30. 孙聆波：《苏曼殊的绝笔画》，《钟山风雨》，2005.4。

31. 吴清波：《亦诗亦画亦情的苏曼殊》，《民国春秋》，2001.5。

32. 王建明：《战友·文友·畏友——苏曼殊与陈独秀》，《中国现代文学研究丛刊》，1993.4。

33. 李慧娟、刘洪亮：《试论苏曼殊的革命文化活动及业绩》，《长春师范学院学报（人文社会科学版)》，2009.11。

34. 闫晓昀：《"新文学之始基"——从小说创作看苏曼殊的文学史意义》，《中国现代文学研究丛刊》，2013.9。

35. 黄轶：《苏曼殊与"五四"浪漫抒情文学的勃兴》，《文艺理论与批评》，2007. 1。

36. 萧晓阳：《苏曼殊诗歌的现代情韵》，《衡阳师范学院学报》，2010. 1。

37. 李金涛、李志生：《苏曼殊诗歌的现代特征》，《河北学刊》，2002. 1。

38. 李金涛：《苏曼殊诗歌的艺术创新》，《河北师范大学学报（哲学社会科学版）》，2005. 1。

39. 袁荻涌：《苏曼殊与英国浪漫主义文学》，《岭南文史》，1995. 1。

40. 袁荻涌：《苏曼殊——翻译外国诗歌的先驱》，《中国翻译》，1997. 2。

41. 林律光：《苏曼殊诗歌之美》，《中国韵文学刊》，2009. 4。

42. 苏惠姗：《亡兄苏曼殊的身世——致罗孝明先生》，《传记文学》，1978. 2。

43. 张定璜：《Shelley》，《创造》，1923，1（4）。

44. 王统照：《拜伦的思想及其诗歌的评说》，《小说月报》，1924，25（4）。

45. 袁荻涌：《苏曼殊文学翻译思想初探》，《贵州社会科学》，1993. 1。

图书在版编目（CIP）数据

苏曼殊：诗心寄禅思 / 张伟著. —济南：济南出版社，
2019.6

（文化中国. 边缘话题. 第五辑）

ISBN 978 - 7 - 5488 - 3803 - 6

Ⅰ.①苏… Ⅱ.①张… Ⅲ.①苏曼殊（1884 - 1918）—
传记 Ⅳ.①K825. 6

中国版本图书馆 CIP 数据核字（2019）第 123836 号

苏曼殊：诗心寄禅思

张伟 著

出 版 人	崔 刚
整体策划	丁少伦
责任编辑	苗静娴
装帧设计	侯文英
出版发行	济南出版社
地 址	山东省济南市二环南路 1 号（250002）
经 销	新华书店
编辑热线	0531 - 86131722
发行热线	0531 - 86131731 86131730 86116641
印 刷	青岛国彩印刷股份有限公司
版 次	2020 年 3 月第 1 版
印 次	2020 年 3 月第 1 次印刷
成品尺寸	150 mm × 230 mm 16 开
印 张	13.25
字 数	170 千
印 数	1—4000 册
定 价	55.00 元

（济南版图书，如有印装错误，请与出版社联系调换。联系电话：0531
- 86131736）